Los diez hábitos antiprosperidad

Los diez hábitos antiprosperidad

Rompa el ancla de su pobreza mental

Alicia Castillo Holley

Wealthing ® 2011
Humble, Tx

Los diez hábitos antiprosperidad
ISBN: 978-1461072539
Copyright © 2011 Alicia Castillo Holley
Todos los Derechos reservados

Editor: Wealthing®, Humble, Tx
Wealthing® es una marca registrada

Diseño de Portada: Sabrina Karani, Artversion
Diseño de Interior: Walton Mendelson
Edición: Robert Geary y Carrol Strain.
Traducción: Andrés Leandro Castillo

Impreso en los Estados Unidos de América.
Compras al Mayor: danchape@wealthing.com

Agradecimiento especial al Prof. Francisco Pérez C. Director
CIDE ULACIT, Costa Rica, por sus valiosos comentarios.

Indice

¿Por qué escribí este libro?

La mayoría de la gente que conozco no se siente feliz con su prosperidad. Trabajan muy duro, o muy poco; ahorran, leen libros y artículos sobre finanzas personales, toman cursos, intentan esto o aquello, y por algún motivo están estancados. Preocupada, comencé a analizar lo que algunos de mis clientes y amigos estaban haciendo. Sentía que estaban haciendo las cosas correctamente, pero, al mismo tiempo pensaban y actuaban de forma que evitaba que consiguieran los resultados que deseaban. Era como si manejasen un vehículo acelerando y frenando al mismo tiempo. Yo podía observar ciertos patrones negativos pero ellos no podían darse cuenta. A lo largo de este análisis pude organizar sus acciones en patrones que eran invisibles para ellos, pero no para mi. Organicé estos patrones en diez hábitos: los diez hábitos antiprosperidad. Aprender a reconocer y manejar estos hábitos les permitió liberarse de la peor pobreza de todas: la pobreza mental.

¿Por qué escribí este libro?

Hagamos una analogía con la salud. Todos valoramos el sentirnos saludables. La información sobre cómo mantenerse saludable es abundante: hacer ejercicios, comer bien, liberar el estrés, y otras recomendaciones. ¿Y qué tal si también prestáramos atención a los hábitos antisalud, como por ejemplo, fumar? Pero podemos ir más allá, ¿de qué sirve mantener hábitos saludables si manejamos a exceso de velocidad y sin cinturón de seguridad? Entonces entendemos que comprender y manejar hábitos que son alejan de nuestros es tan importante como comprender y manejar los hábitos que nos acercan a ellos.

Veamos primero lo positivo de tener hábitos. Los hábitos son transparentes. Sin ellos, la vida sería extenuante. Qué poco eficiente sería tener que estar constantemente recordando cada paso de nuestras actividades rutinarias. Usaríamos demasiada energía si estuviésemos permanentemente recordando cada una de las acciones que debemos tomar, en lugar de pasar a un "piloto automático" en aquellas tareas repetitivas. Los hábitos nos facilitan la vida, pues incluso si son malos hábitos, nos liberan de tiempo y energía que podemos emplear en otras cosas. Es por eso que son tan difíciles de cambiar. Además, los hábitos son invisibles. Para percatarnos de que los tenemos debemos hacer un esfuerzo consciente, e incluso así podríamos necesitar que alguien nos los señale. Sin embargo, ser conscientes no es suficiente. Una vez que decidimos cambiar estos hábitos, hay que construir un nuevo patrón, y esto requiere mucha energía.

Volviendo al tema de la prosperidad, muchas personas tienen hábitos que los alejan de sus objetivos. Como esos hábitos pasan desapercibidos, hay muy poco que podamos hacer al respecto. **No podemos solucionar un problema si no sabemos que existe.** Es por esto que escribí este libro. Actuar a favor de nuestra prosperidad es tan importante como dejar de actuar en contra de ella. Si Ud. está tomando acciones para ser más próspero y no logra los resultados que desea, es muy posible que, al mismo tiempo, esté utilizando alguno de estos hábitos antiprosperidad.

En este libro, ilustro los casos de diez personajes ficticios, analizando sus hábitos y el razonamiento que utilizan para validarlos. Nuestros personajes: Ana, Pedro, Sofía, Juan, Carola, Marcos, Juana, Tomás, Alicia y Pablo están en este libro para ser observados y analizados. Escogí presentar los hábitos a través de estos personajes pues estudiando a los demás podemos aprender mucho sobre nosotros. Cuando pensamos "yo soy como tal o cual" tenemos más libertad para observar cómo estamos actuando. En este sentido es necesario recordar que **la acción limita la reflexión**. Al dejar de actuar podemos detenernos a pensar en lo que estamos haciendo. Por otro lado, mi experiencia en educación me enseñó que es más fácil resolver los problemas de otras personas. Nos gusta creer que somos perfectos; como decimos en mi país, "Cargamos nuestros defectos colgados en la espalda" ¡Todo el mundo los vé, menos nosotros! Y si alguien nos los señala, no les agradecemos su sinceridad sino que nos ponemos a la defensiva.

Analizar estos casos hará más fácil la auto reflexión, dejando de lado esos juicios negativos y permitiendo una crítica constructiva. Para algunas personas puede no parecer muy importante; pero para otras, hablar acerca de nuestras debilidades, errores, y en algunos casos de nuestra propia estupidez es difícil, muy difícil.

La idea es hacer una analogía entre los casos y la situación propia para darse cuenta de cualquier hábito particular que esté evitando que alcancemos nuestros objetivos. Observar cómo estos hábitos afectan a otros nos ayuda a evaluar nuestro propio comportamiento y de esta manera saber si estamos frenando nuestro bienestar económico sin darnos cuenta.

Ahora bien, conocer los hábitos no es suficiente. Necesitamos sustituir los hábitos antiprosperidad por hábitos pro-prosperidad. Por esto, para cada hábito antiprosperidad, propongo un sistema específico de pensamientos y acciones que auto-regulan nuestro comportamiento y nos permiten liberarnos de ese hábito en particular. Este es mi propio sistema de "vacunas" que nos permite inmunizarnos contra los hábitos.

Antes de continuar, una pequeña advertencia: la riqueza no hace la felicidad, pero pensamos que las personas prósperas son más felices. ¿Por qué? Porque se sienten valorados, importantes y respetados. Pero lo más importante, porque la riqueza nos brinda opciones. **Las personas prósperas manejan su dinero; no se preocupan por él, se ocupan de él.** Se sienten en control. Por otro lado, también es posible sentirse feliz, importante y valorado sin ser próspero. Lo sé por experiencia personal. Algunos de mis recuerdos más felices son de las épocas en que era extremadamente pobre. Sin embargo, en esos casos, estaba construyendo un futuro muy prometedor y me sentía en control de mi destino. Tenía la convicción de que, en mi futuro, no habría pobreza sino prosperidad. La pobreza mental nunca ha tenido cabida en mi vida.

Vivimos en un mundo que confunde nuestra esencia con nuestros éxitos. Yo prefiero pensar que somos el camino, no el destino. El placer está en el andar, no en el llegar. Si solo nos enfocamos en llegar, no damos espacio para los errores, y si no hay espacio para errores, no hay lugar para la acción, para la reflexión, para el aprendizaje. No importa cómo hayan sido nuestras vidas hasta este momento, siempre podemos mirar atrás y elegir las mejores experiencias. Esto nos prepara para continuar viviendo. No podemos cambiar nuestro pasado, pero podemos elegir que recordar. Podemos recordar selectivamente lo que nos hace más fuertes o escoger recordar lo que nos debilita. En ambos casos, es el mismo pasado, pero no el mismo presente. Eligiendo nuestros mejores momentos y reflexionando sobre los errores pasados para aprender, le damos forma a nuestro futuro.

Este libro es una reflexión que le ayudará a tomar medidas para dejar de hacer lo que lo detiene, pero no va a resolver todos sus problemas. Comencé a escribirlo reflexionando sobre lo que hizo una diferencia en mi propio camino. Aprendí que no siempre yo creaba mis problemas, pero siempre creaba las soluciones. Yo pasé de trabajar y ahorrar, a perder todos mis ahorros debido a una crisis bancaria, a estar casi en bancarrota, a conseguir un trabajo, a construir mi propia empresa, a administrar inversiones, hasta jubilarme antes de cumplir cuarenta y cinco años. Y he pasado por varios ciclos. Aun así, mi sola experiencia no es suficiente. Como científica e ingeniero, sé que se necesita más de una muestra para crear patrones e interpretar la realidad. Afinando mis observaciones logré organizar las barreras más comunes en los diez hábitos antiprosperidad que las personas inadvertidamente construyen y que interfieren con su percepción de su prosperidad.

Para comenzar, le sugiero que lea la lista de los hábitos que se encuentran en el índice y escoja aquel o aquellos que le llaman la atención. Algunos de estos hábitos pueden no referirse a Ud. También puede escoger no cambiarlos. Sin embargo, conociendo la existencia de estos hábitos podrá hacer real lo que antes era invisible.

Finalmente recuerde que es tan necesario tener hábitos pro-prosperidad como superar los hábitos anti-prosperidad. En este libro, solo hablamos de los segundos pues hay muchísima información y ayuda sobre como escoger y seguir el camino adecuado financieramente. Decidí incluir una muy pequeña lista de lecturas recomendadas al final del libro. Algunas no están en castellano, pero confío en que, con los avances de la tecnología, estén a su alcance rápida y eficientemente. Al menos puede buscar los títulos y los autores y darse una idea de lo que hablan.

Mientras tanto disfrute su camino…

Al final, todo está bien; si no está bien, no es el final.

Alicia Castillo Holley

Sentir
lástima
por
uno mismo

Sentir lástima por uno mismo

Ana se lamenta porque es una mujer; dice que los hombres tienen mejores oportunidades.

Pedro se lamenta por el color de su piel; el racismo no es problema para otros.

Sofía se lamenta por su peso; las personas delgadas consiguen mejores trabajos.

Juan se lamenta por su estatura; las personas altas dan una mejor impresión.

Carola se lamenta porque está muy delgada; otras mujeres se ven más atractivas.

Marcos se lamenta porque es soltero; quisiera tener a alguien con quien compartir su soledad.

Juana se lamenta porque está casada; la gente soltera se divierte más.

Tomás se lamenta porque está divorciado; y esto implica pagar manutención.

Alicia se lamenta por ser joven; los mayores inspiran más respeto.

Pablo se lamenta por ser mayor; los jóvenes tienen más energía.

Las personas con hábitos antiprosperidad piensan que la vida es injusta. La falta de igualdad es algo muy importante para ellos, y se frustran por cosas fuera de su control. Por eso no se dan cuenta de que pensar que la vida es injusta impide que tomen decisiones acertadas y crean un circulo vicioso pues al pensar así las acciones que toman hacen que su vida sea aún mas injusta.

Sentir lástima por uno mismo

Si sentimos lástima por nosotros mismos, ¿Qué podemos esperar que sientan los demás? Las personas antiprósperas piensan mucho en lo que anda mal con ellos mismos.

Y siguen pensando en ello…

Y siguen pensando en ello…

Y siguen pensando en ello…

Haciendo esto, exudan negatividad. Sentir lástima por uno mismo es el hábito antiprosperidad más común de todos. No es que pretenda que la injusticia no exista o que ignore que todos experimentamos situaciones fuera de nuestro control que limitan nuestra capacidad de actuar como quisiéramos. En ser injusta diversamente, la vida es justa. Dedicar tiempo a discutir si la vida es justa, es inútil, la vida es simplemente la vida.

Aunque no podemos esperar controlar todo, podemos controlar totalmente nuestra actitud.

Echemos un vistazo a la situación de Ana. La forma en que siente lástima por sí misma se mezcla con sus relaciones personales y propaga su propia frustración como si fuese humo. Ella tiende a hacer comentarios para apoyar su autocompasión, que a su vez suelen terminar con esta frase: "porque soy mujer".

Quienes la escuchan solo tienen dos opciones: o comparten el sentimiento de que es negativo ser mujer o tratan de ver las cosas de una manera más positiva. Si son mujeres y comparten este sentimiento de injusticia, se van contaminando. Si, por el contrario, son mujeres que eligen ver las cosas de una manera más positiva, generan rechazo porque Ana se siente incomprendida. En el caso de los hombres es peor. Si Ana descarga su frustración con hombres, estos no saben que contestar y cualquiera que sea su reacción, se encuentran en una posición delicada. Los hombres saben tanto de lo que es 'ser mujer' como las mujeres saben de lo que es 'ser hombre'. No escogemos el género con que nacemos y solo en muy contados casos, lo cambiamos. Sin importar cómo reaccionen, tanto hombres como mujeres están conscientes de un hecho objetivo: Ana es una mujer. Lo demás son interpretaciones de ella. A menos que sus problemas sean más serios, es más práctico y fácil que Ana cambie su actitud hacia su género que hacer un cambio de sexo.

Sentir lástima por uno mismo es uno de los sentimientos más inútiles. Se es lo que se es. La vida siempre trae altibajos, pero la autocompasión no ayuda en nada. En mi libro *Enamórate de tu Vida* explico cómo pasar de víctima a héroe. Son dos caras de la misma moneda. Uno puede escoger que papel tomar. Nuestra actitud puede cambiar el resultado incluso si las circunstancias no cambian. Es más, cambiando nuestra actitud, cambiamos nuestro ambiente. Pasamos de ser consecuencia a ser causa y es muchísimo mas interesante. **No somos una variable más en la ecuación; somos la forma de obtener la respuesta.** No somos un número en la multiplicación, somos la multiplicación. El éxito, al igual que la felicidad, está dentro de nosotros, buscando salir al mundo, no fuera, tratando de entrar en nuestras vidas. Tener éxito, asi como ser feliz, es una decisión.

En una oportunidad, en una conferencia, una jovencita me preguntó si alguna vez sentí que las cosas eran más difíciles para mí por ser mujer. Le contesté tan directamente como pude. "Sí, si lo sentí", respondí, "nací y crecí en una país en vías de desarrollo; mi cuerpo es bastante pequeño; me veo inocentemente joven, tengo malísima memoria y podría mencionar muchas otras deficiencias. Aun así, los desafíos le dan emoción a mi vida, y ese es un sentimiento que no tiene edad, género ni raza. También he podido estar en peores circunstancias: estar discapacitada, vivir en una guerra, tener una enfermedad incurable. En fin, lo que me sucede no me define, porque soy más que eso. **La vida no me pasa, yo le paso a la vida.** El truco es no sentir lástima por uno mismo; ¡no va a servir de nada!

La discriminación y el rechazo están tan presentes en los demás como en nosotros mismos. Así como me niego a sentir lástima por mí misma no quiero sentir lástima por ningún otro ser vivo simplemente porque eso no ayuda a nadie a encontrar soluciones.

Sentirse mal por uno mismo evita que uno viva bien la vida y que la disfrute, la autocompasión es como un ancla que evita nuestro movimiento. Sentir autocompasión no brinda felicidad y tampoco contribuye a lograr el apoyo, amor y compromiso que podamos necesitar. Es una pérdida de tiempo.

Sentir lástima por uno mismo es una forma perfecta de malgastar la vida, desperdiciando tiempo y pensamientos en darse cuenta de lo que nos falta y justificando por qué no podemos hacer lo que deseamos. Y esa misma energía y tiempo podrían usarse para superar los obstáculos y ayudar a otros a superarlos, y así cambiar al mundo.

Sentir lástima por uno mismo disminuye no sólo lo que podamos dar sino lo que esperamos de otros.

Sentir lástima por uno mismo evita que uno prospere. Hay obstáculos fuera de nuestro alcance que dificultan nuestra vida. Ignorarlos no ayuda a superarlos, pero re-enfocar la importancia que le damos a estos obstáculos en nuestra vida si tiene un gran impacto.

La vacuna para combatir la autocompasión es la gratitud. Concentrarse en lo bueno de nuestras vidas crea un ciclo de orgullo y de un cierto "egoísmo sano". Nos prepara para dar aun más y para esperar lo mejor. Incrementa nuestra confianza. Y, al cambiar nuestra actitud, estamos también cambiando al mundo.

Sentirse agradecido tiene muy buenos efectos secundarios: Uno se enfoca en lo relevante, se siente valioso, único y especial, y esto se nota. La gratitud rompe las cadenas de la autocompasión. Esto es muy interesante, pues la vida en sí no cambia, pero la manera de verla sí. Ud. se acostumbra a tener mejores recuerdos sobre momentos más felices, conversaciones más agradables, y no tiene tiempo para sentirse mal por si mismo. Y ese cambio lo ayuda a crear un ciclo virtuoso: **Cuando uno se siente afortunado, toma mejores decisiones.**

Ser codicioso

Ser codicioso

Ana busca pagar menos por sus zapatos; pasa horas buscando ofertas en internet.

Pedro compra cosas usadas porque son más baratas.

Sofía contrata a sus empleados medio tiempo para no tener que pagar beneficios.

Juan sólo viaja con sus millas de viajero frecuente, escogiendo además los lugares más económicos.

Carola también utiliza sus millas de viajera frecuente para comprar todos sus electrodomésticos, aunque no combinen bien.

La empresa donde trabaja Marcos pagó por su maestría, por eso no pudo elegir su universidad.

Juana negocia todas las compras de sus proveedores. Ellos la necesitan como cliente y siempre consigue rebajas.

Tomás nunca paga horas extra; sus empleados son leales y valoran el trabajar duro.

Alicia compra su ropa por internet, a pesar de que no puede probársela y a veces la pierde o la devuelve.

Pablo piensa que sus hijos deberían de ganarse su mesada; a él nadie lo ayudó.

Las personas con hábitos antiprosperidad hacen rendir su dinero al máximo. Se sienten 'inteligentes' consiguiendo gangas que puedan demostrar lo bien que hacen rendir su dinero. No se dan cuenta de que, al concentrarse en "conseguir una ganga" terminan sintiéndose menos valiosos. Tampoco consideran el valor de su tiempo y por lo tanto no pueden dedicarse a disfrutar de la vida o evaluar como incrementar sus ingresos.

Ser codicioso

Si usted se preocupa mucho por no gastar su dinero y siente que sus recursos se agotarán en algún punto, puede perder la oportunidad de disfrutar de lo que en verdad quiere, o puede perder tiempo que estaría mejor usado en buscar formas de aumentar su riqueza.

No podemos prosperar sin distribuir parte de nuestra riqueza a otros. Sentirnos capaces y dispuestos a pagar el valor de mercado tiene dos ventajas: por un lado, es reconfortante sentir que podemos permitirnos adquirir algo sin regatear. Por otro lado, es reconfortante sentir que contribuimos al bienestar de otros.

El constante esfuerzo que ponemos en conseguir una ganga disminuye el valor de los productos y los servicios que adquirimos. Esto nos perjudica pues nos acostumbra a sentir poco valor por nuestro tiempo y nuestra propia prosperidad y perjudica a aquellos con quienes nos relacionamos comercialmente porque no podemos reconocer su verdadero valor.

Veamos el caso de Pedro. Le encantan las ventas de cosas usadas. Siente una gran satisfacción si encuentra una buena oferta, especialmente si es algo nuevo por casi nada. Pedro rara vez compra cosas nuevas; prefiere comprar cosas que alguien haya desechado. Él y su familia pasan casi todos los fines de semana buscando gangas. Pedro alardea de no haber comprado nada a precio de mercado en los últimos cinco años. Sin embargo, varios objetos que ha comprado están guardados porque no caben o no combinan con lo que tenía. Además, Pedro ha perdido la capacidad decidir lo que quiere y de darse el gusto de premiarse por algo. Por preocuparse tanto sobre cuánto está gastando, pierde la libertad de comprar lo que realmente quiere y le da esa libertad a otra persona que una vez compró algo que ahora desecha. Pedro compra deshechos ajenos. Pedro usa su tiempo libre para buscar ofertas en cosas que no quiere ni necesita. Comprar una ganga no siempre significa comprar lo que uno desea.

Las personas que siempre piensan y hablan sobre cómo 'rinden' su dinero pueden hacer sentir a los que los rodean perezosos, derrochadores o inseguros. No solo insinúan que son más inteligentes que la mayoría de las personas, sino que también mandan una señal inconsciente de que alguien más perdió algo para que ellos pudieran aprovecharse. Alguien tiene que perder riqueza para que ellos la adquieran. No comprenden el verdadero valor del tiempo y esfuerzo de los demás.

A todos nos gusta una buena ganga, pero tratar de que todas nuestras compras sean gangas mina nuestro sentido del tiempo y nuestra prosperidad. Mientras mejor sea la oferta que uno consigue, más probabilidades hay de que alguien haya perdido algo para que esa oferta exista. Y, al final, la prosperidad de ambos es destruida.

Cuando las personas son antiprósperas piensan en sus gastos como algo que disminuye su fortuna. Les cuesta considerar la prosperidad como un flujo, algo que cambia constantemente, un río que considera lo que entra (ingresos, valor, placer) y lo que sale (gastos, tiempo). Sus hábitos se vuelven antiprósperos cuando no se dan cuenta del valor de sus gastos. **Gastar implica perder para las personas antiprósperas. Gastar implica disfrutar para las personas prósperas.**

Cuando le pedí a Pedro romper un billete de un dólar, no pudo hacerlo. Y, sin embargo, estaba dispuesto a gastar muchísimo tiempo y dinero en cosas y servicios que no le servían de nada, ni a él ni a su familia, pero que eran "buenas ofertas".

Concentrarse en hacer que cada centavo valga, cansa. Las personas codiciosas solo disfrutan lo que tienen si gastaron poco por ello o si pueden alardear de cómo fueron más 'inteligentes' que otros. Las personas se vuelven codiciosas cuando perciben un desequilibrio entre el dinero que entra y el que sale, y abusan de aquellos que les proveen productos y servicios que les permiten tener una vida más fácil, más placentera y más eficiente. Buscar negociar todo el tiempo para ganar a expensas de otros es negativo para toda la sociedad. Los que venden a los codiciosos no sienten que su esfuerzo es valorado, no pueden dar a las cosas el valor que merecen, y terminan volviéndose codiciosos por igual. Para empeorar las cosas, la gente codiciosa espera que otros también lo sean, así que ellos mismos no se sienten valorados o apreciados. Es un círculo vicioso.

La vacuna para la codicia es la elección libre. Busque lo que le gusta, respete su habilidad de proveérselo y comience a considerar su riqueza como un flujo constante y balanceado de recursos (tiempo, valor y dinero). Ésta es la forma más sana de manejar sus finanzas. Escoger lo que quiere libremente, es la mejor forma de liberarse de la codicia. Si no puede costearlo pregúntese si es mas eficiente usar sus recursos en buscar una ganga, o en generar mas ingresos.

A mí me fue difícil deshacerme de este hábito. Me encantan las ofertas, pero hoy en día, el precio es sólo un factor de las cosas que compro; no es el más importante, y definitivamente no es el único.

La codicia desparecerá cuando usted pueda dar más importancia a los beneficios que obtiene que al precio que paga por los productos o servicios que adquiere. Por ejemplo, si apoyamos a los comercios en nuestro vecindario con nuestras compras, contribuimos con el desarrollo económico de nuestra comunidad. Al apoyar el trabajo de estas personas, aunque los precios sean más altos que si compramos por internet o en grandes tiendas, contribuimos a tener una economía local mucho mas sana. Esto tiene otro impacto. El crimen y la pobreza son menores en comunidades solidarias.

Un cliente una vez me preguntó si estaría dispuesta a pagar a un programador extranjero si cobraba menos de lo normal. Le contesté que tendría que considerar otras variables, como mi tiempo disponible para las interacciones, mi presupuesto, y el tiempo que tomaría transferir la información y los fondos. Yo suelo contratar a gente de todas partes del mundo, pues mis negocios son globales, pero no sólo pienso en el precio a la hora de contratar a alguien. Valoro mi tiempo y el de los demás y evito entrar en negociaciones sobre precios pues sé que si trato de exprimir a mis proveedores, ellos no pueden desarrollarse tampoco y al final tendré que buscar a otro proveedor. Aunque tampoco es bueno pasarse con los gastos (otro hábito antipróspero), tomar nuestras decisiones financieras basadas solo en una ganga es negativo para nuestra comunidad, nuestro bolsillo y nuestro corazón.

Sea libre y responsable acerca de lo que quiere. Si no puede pagar algo, considere ahorrar o incrementar sus ingresos hasta que sí pueda darse esos gustos. Observe cómo Ud. puede contribuir a la prosperidad de los que lo rodean tomando buenas decisiones. Actúe con prosperidad. Nadie tiene que perder para que Ud. gane. Cuando Ud. respeta el valor justo de las cosas, las otras personas se dan cuenta. Se crea un círculo virtuoso. También tendrá más tiempo libre para disfrutar la vida e incluso explorar como incrementar su prosperidad.

La gente próspera se alegra de colaborar con la prosperidad de otros y tienen una mayor percepción de lo que realmente vale su tiempo y esfuerzo. No gastan más, gastan mejor.

Detestar
lo que
uno hace

Detestar lo que uno hace

Ana detesta lavar la vajilla, pero no tiene otra opción.

Pedro detesta pasear al perro, pero tiene que hacerlo todos los días.

Sofía detesta bailar, pero no piensa desperdiciar el tiempo y dinero que ya gastó en aprender.

Juan detesta la comida rápida, pero es la única forma de almorzar.

Carola detesta manejar, pero ni piensa en tomar el autobús o pedir que la lleven.

Marcos detesta su trabajo, pero tiene que pagar la hipoteca.

Juana detesta trabajar como secretaria, pero es lo único que puede hacer sin un título universitario.

Tomás detesta tener que vender, pero es la única forma de que su empresa genere ingresos.

Lisa detesta hacer consultorías, pero es el mejor trabajo al que puede optar.

Pablo detesta el invierno, pero no puede mudarse de Boston por el momento.

Las personas con hábitos antiprosperidad piensan que hacer lo que les desagrada es parte de la vida. Sienten que hay una especie de exigencia intangible, como si alguien esperara que ellos hagan las cosas que tienen que hacer aunque no les gusten. No buscan alternativas porque no pueden imaginar que es posible dejar de hacer lo que detestan. Y por eso están amargados.

Detestar lo que uno hace

Las personas prósperas han aprendido a atesorar su tiempo, a darle valor, y a invertirlo en hacer lo que más disfrutan, lo que les apasiona, y se mantienen en eso. Delegan lo que no desean hacer a otras personas.

Cuando Ud. piensa que tiene que hacer algo que detesta, se frustra, se amarga, y distribuye esa infelicidad. Los que lo rodean lo notan y hace que lo eviten. En cambio, cuando utiliza su tiempo haciendo lo que le gusta, se siente mágicamente realizado, como si supiera que nació para hacer eso. Cuando elige pasar el tiempo en hacer lo que le apasiona, puede aprender, explorar y crecer. La gente próspera tiene grandes expectativas sobre qué hacer con su tiempo. Lo usan muy sabiamente, pues es, como ellos saben, el tiempo es el único recurso limitado. Si Ud. se deja atrapar por el "tener que hacer" algo que le desagrade, no será bueno haciéndolo.

El problema comienza con nuestro entorno. Hoy en día la información se ha vuelto tan accesible que dejamos de ser nosotros mismos para ser como los demás; sin saber a ciencia cierta como 'son los demás'. Es por eso que creemos que, si a nosotros no nos gusta hacer algo, a nadie le puede gustar hacerlo.

Por ejemplo, yo solía creer que a nadie podía gustarle lavar la vajilla. Durante años me amargaba hacerlo, hasta que conocí gente que no le importaba. A algunos de mis amigos incluso les gustaba lavar, especialmente si alguien más cocinaba, ¡porque ellos no soportaban cocinar! Cosa que a mi me encanta.

Si a usted no le gusta hacer algo específicamente, busque la forma de hacer que alguien más lo haga. Contrate, delegue, o haga un intercambio. Todos somos distintos y es muy posible que logre un acuerdo favorable para ambas partes.

Tener que hacer las cosas que no nos gustan para nada, sin encontrar una alternativa, es muy dañino. No podemos hacer bien lo que detestamos, por lo tanto, no podemos sobresalir, y nuestro trabajo no es apreciado, pues, de todas maneras, no refleja lo que podemos hacer bien o con gusto. Se vuelve un círculo vicioso. ¿Cómo se siente cuando sabe que detesta lo que hace? ¿Cómo se siente cuando sabe que otra persona detesta lo que hace?

Éste es un hábito antiprosperidad porque la calidad de su trabajo está íntimamente ligada con su búsqueda de excelencia, el disfrute de su vida y el valor que su existencia tiene para otros. Las personas que detestan lo que hacen buscan compensar este sentimiento exigiendo dinero a cambio. Está demostrado que los empleados mas infelices, exigen mas dinero. La gente antipróspera se enfoca demasiado en el dinero, sea adquiriéndolo o no gastándolo.

El hábito antiprosperidad de detestar lo hacemos evita que hagamos lo que disfrutamos; el hábito antiprosperidad anterior, ser codicioso, evita que gastar en lo que disfrutamos. En ambos casos, el dinero está por encima de la persona, y son casos típicos donde la riqueza mata a la prosperidad.

Cuando usted acepta hacer cosas que detesta en su vida, se acostumbra a sentirse mediocre y pierde oportunidades para hacer lo que haría muy bien; peor aún, se manda a sí mismo este mensaje: No me importa mi tiempo, no puedo hacer bien las cosas, y no merezco tener la oportunidad de hacer algo extraordinario/a.

Parte del problema se inicia con nuestra educación. Con décadas de experiencia como académica sé que hay una gran diferencia en hacer algo que a uno le apasione y desarrollar nuestros talentos naturales. Algunas personas son excelentes en actividades que terminan detestando. Contamos con un sistema educativo donde los niños son evaluados por lo que hacen 'bien' en comparación con otros. No permitimos una exploración interna y personal sobre lo que nos apasiona y nos hace palpitar emocionados. Así, poco a poco nos vamos olvidando de sentirnos felices trabajando. Nos domesticamos. Como estamos rodeados por muchas personas en la misma situación pensamos que es 'normal' y nos convencemos de que debemos 'sacrificarnos' dejando de ser quienes somos para ser quienes debemos ser.

Veamos el caso de Sofía. Cuando ella era niña, bailó en varias obras escolares. Le encantaba el ballet y se esforzó mucho en volverse una bailarina, sólo para descubrir que no le gustaba sudar, ni practicar largas horas sin descanso. A pesar de tener habilidades naturales para la danza, comenzó a detestar el baile. Al dejar de practicar con pasión, la calidad de su trabajo fue disminuyendo y decidió cambiar de carrera. Le encantaba el escenario, pero no bailar. Buscó entonces trabajar de modelo, no muy buena por cierto, y mas tarde probó ser agente para una compañía de ballet. Sofía dedicó varias décadas de su vida profesional a la danza y el modelaje hasta que una crisis personal la llevó a convertirse en decoradora de interiores. Le encantaba explorar como integrar la armonía y el sentido de belleza y poco a poco fue creándose una maravillosa reputación. Disfrutaba tanto de este trabajo que se notaba. Ahora a Sofía le gusta su nueva vida, lo que se nota en la forma como habla con sus clientes y en la forma como se esfuerza en conseguirles nuevas opciones. Sofía pasó mucho tiempo tratando de usar sus talentos naturales para vivir, y gastó mucho tiempo y dinero en desarrollarlos, en vez de buscar desarrollarse en lo que le apasionaba.

Sofía siempre soñó con decorar pero pensaba que no podría conseguir un trabajo decente en esa profesión. Le gustaba tanto hacerlo que creyó que nadie le pagaría por ello. Algunos de mis otros clientes también han cambiado su vida profesional, ingresando a otros campos profesionales algo inusuales. Uno de ellos pasó de ser contador a ciclista. Yo misma pasé de ciencias, a finanzas, a escribir. El truco es cambiar nuestra manera de pensar, de ¿Cómo puedo hacer dinero? a ¿Qué disfruto más haciendo?

La vacuna contra el hacer lo que se detesta es desarrollarse en lo que le apasione. Hay que cambiar la forma de pensar. No busque hacer lo que hace mejor, sino lo que más disfruta. Puede hacer esto enfocándose en lo que disfruta y delegando o deshaciéndose de lo que no le gusta. Hacer esto, también eliminará esa actitud arrogante de pensar que usted es irremplazable. ¿Adivine qué? No lo es. Alguien más siempre será mejor, más eficiente, más creativo, más productivo, y más experimentado en cualquier actividad individual que usted haga. Si usted disfruta lo que hace, podrá convertirse en un experto 'encantador' pues cuando uno disfruta lo que hace, irradia satisfacción y busca siempre la excelencia. Los expertos que se han enfocado más bien en explotar sus habilidades naturales, tienden a ser más bien arrogantes.

Las personas prósperas disfrutan profundamente su tiempo. Ellos saben que hacer lo que nos apasiona extrae lo mejor de nosotros mismos, incluso cuando no tenemos un talento natural reconocido. El problema de nuestras 'habilidades naturales' es que se relacionan con las debilidades de otros y no necesariamente están relacionadas con lo que nos encanta hacer.

Estas habilidades naturales son percibidas por otras personas, con puntos de vista que generalmente tienen poco que ver con nuestros propios valores y puntos de vista. Las personas que no poseen sus habilidades las valorarán y con las mejores intenciones le sugerirán explotar estas habilidades. Por ejemplo, si Ud. puede dibujar muy bien, habrá escuchado muchas veces palabras de admiración que le habrán hecho sentir importante. Estas palabras seguramente provienen de personas que, como yo, no pueden dibujar. Lamentablemente, sus habilidades naturales pueden convertirse en debilidades si Ud. se acostumbra a recibir elogios por un talento para el cual no debe esforzarse y si se olvida de utilizar su tiempo en desarrollar lo que le apasiona.

Lo que Ud. puede hacer mejor que otros no es necesariamente lo mejor de Ud. Piense que puede pasarse la vida buscando explotar una habilidad natural o desarrollándola. Las personas apasionadas por lo que hacen alcanzan un mayor satisfacción y un mayor nivel de excelencia que las personas que se enfocan en explotar sus talentos. En algunas oportunidades lo que le apasiona y su talento van de la mano. En otras no. Evitando hacer cosas que le desagradan, libera tiempo que puede utilizar en hacer lo que disfruta, en aprender y convertirse en un experto que continuamente está evolucionando. Pensar que "tiene" que usar su tiempo en lo que no le gusta es irrespetuoso consigo mismo. Lo único que "tenemos" que hacer es morir; todo lo demás es opcional.

Si cree que debe hacer algo que le desagrada, deléguelo (y supervíselo) o evítelo, pero no use su recurso más valioso, su tiempo, en hacer cosas que no lo emocionan. Ud. se debe a sí mismo el preocuparse por su bienestar; para usted, usted va primero. Esto es lo que yo llamo "egoísmo sano". Averigüe como evitar hacer cosas que le desagradan. Mientras tanto, recuerde que el mundo no se acabará si usted no hace lo que no le gusta hacer. De alguna forma, el orden será restablecido. El mundo no cambiará drásticamente, pero su vida sí.

Si aún no sabe lo que le apasiona, es posible que esté siendo afectado por el "ruido" de sugerencias y elogios que ha recibido anteriormente. Recuerde que sus habilidades (de Ud.) son percibidas como tales porque las personas las comparan con sus debilidades (de ellos). Algunas personas son exitosas de acuerdo a los estándares de muchas personas, pero no disfrutan de lo que hacen. Nunca es muy tarde para hacer lo que nos gusta. Pase de estrellado a estrella.

Cuando estamos apasionados con algo, experimentamos un estado de experiencia óptima, como lo definió Mihaly Csikszentmihalyi en su libro *El Flujo: La psicología de las experiencias óptimas.* Experimentamos el "flujo" cuando sentimos que no pasa el tiempo porque estamos encantados con lo que estamos haciendo. Nos sentimos energizados, inspirados, y dispuestos a curiosear, aprender, y hasta cometer errores, sin importarnos ser criticados o fracasar.

Cuando usted exige usar de la mejor forma su tiempo, usted se vuelve más valioso, atractivo y agradable. Sus conversaciones mejoran, al igual que sus decisiones y resultados.

Medir la felicidad con dinero

Medir la felicidad con dinero

Ana será feliz cuando tenga más dinero para poder mudarse a una casa más grande.

Pedro sueña con poder costearse trajes a la medida.

Sofía desea tener más dinero para salir más frecuentemente.

Juan está impaciente por tener más dinero pues quiere viajar alrededor del mundo.

Carola quiere tener más dinero para darles a sus hijos lo que no tuvo.

Marcos trabaja para tener más dinero y parecer más atractivo.

Juana desea conseguir más dinero para así independizarse económicamente de su marido.

Tomás no sabe como obtener dinero suficiente para convertirse en artista.

Alicia será feliz cuando pueda conseguir dinero para comenzar una fundación sin fines de lucro.

Pablo está impaciente por conseguir más dinero para poder retirarse y no tener que trabajar más.

Las personas con hábitos antiprosperidad piensan que el dinero conduce a la felicidad. Según ellos, mientras más dinero tengan, más felices son, y viceversa. Para ellos, sin embargo, su felicidad existe en algún momento del futuro. Pasan sus vidas esperando una serie de secuencias, un "algo más", y siguen queriendo más sin importar lo que tengan en ese momento.

Medir la felicidad con dinero

Pensar que la felicidad depende del dinero es un paradigma muy antiguo. El deseo de subir los escalones económicos no es negativo, lo es solo cuando evita que disfrutemos del presente escalón. El dinero nos da opciones, pero no nos garantiza la felicidad en sí. Stefan Klein lo explica muy bien en su libro, *La Ciencia de la Felicidad*. Nuestro sentido de la satisfacción no se relaciona con nuestras posibilidades sino con nuestras emociones. Las posibilidades de un campesino en una aldea pobre en Africa son distintas a las de una acaudalada modelo en Europa, y sin embargo, sus sentimientos de felicidad y de satisfacción son similares.

El efecto del dinero en la felicidad es interesante. Muy pocas personas están cómodas con su prosperidad. Algunos piensan que el dinero es el único medio de conseguir la verdadera felicidad, y tienen más dinero, mientras que otros dicen lo contrario, y tienen menos dinero. No sabemos si es una causa o consecuencia. Pero una vez que tomamos una decisión, actuamos de acuerdo a ella y vamos a encontrar la manera de validar que estamos en lo cierto. La relación entre felicidad y dinero existe en nuestra mente y con ese filtro interpretamos la realidad.

Todos hemos oído la historia de la familia que, a pesar de ser extremadamente pobre, eran felices y solidarios. Así como también de la familia rica que era miserable porque llenaban sus vidas de envidias y dramas. Estas historias son contadas por la gente que justifica el no tener grandes riquezas. En realidad, es razonable desear tener más dinero, y buscar una manera de adquirirlo. Yo me he visto en situaciones de pobreza y prosperidad. Me gusta más la última, pero en cualquiera de las dos soy feliz. El dinero no tiene absolutamente nada que ver con la felicidad, por eso, las historias que los mezclan son ficticias.

La gente próspera sabe distinguir entre prosperidad, riqueza y felicidad. Saben que el dinero no trae felicidad. Nuestro disfrute y nuestra satisfacción se asocian con lo que podemos sentir, como el amor, la colaboración, la seguridad, el poder y la generosidad, no del dinero en sí ni de las cosas que poseemos.

La gente antipróspera piensa, consciente o inconscientemente, que el dinero compra la felicidad. Comparan las cosas o dinero que poseen con lo felices que son, solo para darse cuenta de que no son más felices cuando consiguen adquirir algo nuevo o tener mas riqueza. En realidad es el sentido de anticipación lo que nos da felicidad, no el logro en si. Este sentido es común a varios animales. Un perro siente una inmensa felicidad cuando ve una correa para ir a caminar, esta felicidad es mayor que cuando está caminando. Si usted quiere más dinero para disfrutar de su vida, comience a pensar en cómo disfrutar la vida ahora.

El dinero es una ilusión; no es tanto el dinero lo que nos interesa, como lo que queremos hacer con él. Descubrir lo que le interesa hacer una vez que tenga el dinero necesario puede ayudarle a decidir qué es lo que quiere ahora.

Veamos el caso de Juan, lleva tres años ahorrando para hacer un gran viaje alrededor del mundo. Ya ha planeado cuatro meses de visitas a lugares exóticos, y quiere estar seguro de que puede pagar su viaje y mantenerse mientras busca un nuevo trabajo cuando regrese. Ha leído varios libros, consultado sitios web e incluso ha hecho una lista de sus 23 destinos turísticos favoritos. Cuando le pregunté a Juan cuáles eran sus lugares favoritos a 80 kilómetros de su casa, no me supo responder. No había visitado la Iglesia vietnamita local, el restaurante griego, el café francés ni la tienda etíope. De hecho, no pudo nombrar un solo lugar de su pueblo natal que fuera digno de ser una atracción turística. Por otro lado, sus ahorros nunca parecían alcanzar para comenzar a viajar.

Juan se sorprendió al conocer otras opciones: podía ser voluntario o incluso trabajar como expatriado, lo que sería para su currículum. En lugar de tomarse un tiempo sin trabajar, podría pensar en tomar un trabajo en otro país; podía buscar emplearse en una empresa con oficinas en otros países, o proponer expandir su propio trabajo actual a otros países. Trabajar en otro país tiene otras ventajas, por experiencia propia sé que se conoce una zona mucho mejor si vivimos allí en lugar de visitarla como turistas. Juan tampoco había pensado en la opción de trabajar en una agencia de viajes, lo que le daría un descuento sustancial en sus gastos de viaje.

Juan realmente no deseaba tener mas dinero sino satisfacer su curiosidad de explorar y de sentirse aventurero. Siguiendo mis consejos comenzó a explorar su entorno sin alejarse mucho de donde vivía o trabajaba. Cambió su hábito de esperar a tener dinero por el de disfrutar en su presente haciendo algo que le estusiasmaba, explorar, y comenzó a disfrutar la diversidad cultural que su propia comunidad le ofrecía. Aprendió unos cuantos idiomas, participó en debates internacionales por internet, viajó a un país vecino por un tiempo como profesor de idiomas. Y, lo más importante, comenzó a disfrutar de su viaje alrededor del mundo antes de que empezara.

La vacuna para usar el dinero como medida de felicidad es disfrutar del presente. Las personas prósperas saben que ellos van primero; disfrutan plenamente sus vidas —gastando responsablemente. El dinero es sólo una parte de su vida, no es su vida completa. El dinero amplía sus posibilidades, sí, pero son sus sentimientos los que determinan su felicidad.

Por ejemplo, yo siempre he utilizado parte de mi tiempo y dinero en hacer algo que me encanta: Comer. Cuando podía permitírmelo, llevaba a mis hijos y padres a un buen restaurante una vez al mes, como celebración. Cuando viví como estudiante pobre, solíamos ir a una panadería cercana donde los niños compartían una sola rosquilla. Lo que pagaba era mucho menos que en esos restaurantes tan exclusivos a los que íbamos cuando trabajaba tiempo completo. Aun así nos sentíamos afortunados, porque manteníamos el sentimiento de compartir una celebración de nada más especial que el estar vivos.

Cuando disfrutamos el presente, nuestra manera de ver el mundo cambia y cambia la manera en que el mundo nos ve.

Nadie necesita dinero para ser feliz. De hecho, tampoco se necesita dinero para hacer lo que deseamos. Sin embargo, muchas personas piensan que necesitamos el dinero para hacer cosas. Nuestros planes se construyen sobre esa opinión popular compartida. Comúnmente, vemos como los demás han logrado sus metas, y los imitamos. Vemos las metas pero no necesariamente vemos el esfuerzo. Uno piensa y actúa de acuerdo a lo que cree que es necesario para sobresalir, sea un título universitario, un auto, un trabajo de sesenta y cuatro horas semanales, un cuerpo maravilloso, una sonrisa perfecta o cualquier otra cosa. Y estas suposiciones se comparten y se aceptan socialmente. Buscamos el apoyo de otros para validar nuestros argumentos. La realidad es otra. Nuestro verdadero desafío es expandir nuestros horizontes y alcanzar un nivel de consciencia en el que nos damos cuenta de que podemos lograr lo que deseamos. **El éxito no se alcanza, se siente**. Es una manera de pensar, no es un resultado. No hay un camino al éxito, pues no hay que llegar a ninguna parte, es una manera de caminar. Y el éxito, así como la felicidad, no tiene nada que ver con el dinero. Algunas personas incluso eligen no trabajar por dinero, y de alguna forma les sirve.

La forma de manejar nuestra vida está en nuestra cabeza. Si usted piensa que necesita dinero para ser feliz, comience pensando para qué lo va a utilizar. ¿Hay alguna forma de lograr lo que quiere sin necesidad de tener dinero? ¿Cuál? Cambie su forma de pensar de "Necesito" a "Quiero". Ese cambio le dará una nueva visión de lo que es su riqueza, y le permitirá tener el control de ella.

Cuando usted cambia de "tener que" a "querer que", su vida cambia. Por ejemplo, Ud. no tiene que pagar la hipoteca, el seguro del auto, o la tarjeta de crédito; usted escoge hacerlo, porque lo hace sentirse satisfecho, valioso, importante, responsable, colaborador, poderoso e íntegro.

Cuando usted se da cuenta de que la felicidad y el éxito están dentro de usted y no a la espera de que pueda tener dinero, Ud. vive plenamente y se convierte en una persona mucho mas agradable e interesante, lo que facilita su relación con otras personas y comienza a generar un círculo virtuoso.

La única manera de que el dinero o nuestras posesiones determinen nuestra felicidad es si nosotros así lo decidimos.

Gastar
de más

Gastar de más

Ana gasta de más en comida; le gusta a ir refinados restaurantes aunque luego se arrepienta.

Pedro se excedió en su auto, fue una ganga a pesar de que ahora le cueste mucho mantenerlo.

Sofía compró una casa más costosa de lo que pensaba; necesitaba más espacio y una mejor ubicación.

Juan adquiere ropa excesivamente costosa para verse exitoso.

Carola gastó de más en su educación; pensó que dos maestrías la ayudarían a conseguir un mejor trabajo.

Marcos derrocha en citas y cenas; es la única forma de impresionar a las mujeres.

Juana siente que si no compra algo todos los días, no puede disfrutar su vida.

Tomás sabe que compra excesivamente para sus hijos; es su forma de demostrarle que los quiere.

Alicia gasta de más en viajar a pesar de que no puede eliminar sus tarjetas de crédito. Luego cancelará las deudas.

Pablo necesita comprar lo mejor para sus hobbies; a pesar de que no mantiene el entusiasmo por mucho tiempo.

Las personas antiprósperas piensan que es normal estresarse por sus pagos. Como sus gastos los abruman, dejan que el dinero derrochado se lleve parte de su felicidad. Si bien es cierto que el dinero nos dá felicidad, gastar de más puede quitárnosla.

Gastar de más

Gastar de más es exactamente eso: gastar más de lo que nos sintamos cómodos gastando. Gastar de más es como tratar de guardar agua en un colador de verduras, agua que no se puede recuperar una vez que se ha ido. La gente que gasta de más recibe simultáneamente múltiples presiones: les asusta no llegar a pagar algunas cosas a tiempo, pagan más de lo normal por los intereses a corto plazo, caen en la trampa de hacer cosas que detestan por la necesidad de pagar por cosas que han comprado, se menosprecian por las deudas, consideran que no son "inteligentes" por la forma como gastan el dinero, y como consecuencia tienen una muy baja autoestima.

Las personas que gastan de más lo hacen porque no encuentran una manera de dejar de hacerlo. Tienen tantas deudas que creen que no hay forma de balancear sus finanzas. No confían en su propia capacidad de manejar sus deudas.

Las personas antiprósperas no logran percatarse de como sus gastos descontrolados los afectan. Tienen sus tarjetas de crédito en el límite. No entienden que para tener una vida próspera hay que cumplir una regla muy simple los ingresos deben ser mayores a los egresos. Sienten que sus vidas están llenas de necesidades insatisfechas. Las personas prósperas no necesitan limitar sus gastos, los manejan.

Cuando la gente gasta de más, pone al dinero delante de su libertad, y esto los atrapa en un innecesario círculo de preocupaciones. Preocuparse por el dinero destruye la felicidad.

Es relativamente sano querer demostrar que somos financieramente exitosos, pero no a cambio de angustia. Nuestra paz mental debe ir primero. Suze Orman dijo una vez que muchos derrochadores compran cosas ¡para impresionar a personas que ni conocen! Siendo auténticos ganamos mucho más respeto y admiración de lo que ganamos gastando de más. Preocuparse por lo que otros piensen sobre nuestra riqueza, y estar constantemente buscando impresionarlos, es irrespetarse a usted mismo. Cuando Ud. tenga un gasto grande, pregúntese por quién lo está haciendo: si Ud. está primero, va por buen camino.

Hay muchos programas que lo pueden ayudar a deshacerse de deudas, manejar sus finanzas y disminuir sus gastos. La mayoría de las personas que tienen problemas gastando de más no acuden a estos programas porque piensan que no tienen solución. Sus deudas muchas veces son tan grandes que se sienten agobiados. Pues bien, si este es su problema comience ahora a cambiar. Si la situación se ha quedado fuera de control por razones ajenas a su voluntad, re-enfóquese en la solución. Algunas veces ocurre una emergencia que nos arruina un plan —aunque esté bien planeado. Yo ahorré por cinco años para mis estudios de postgrado, y perdí todos los ahorros por una crisis bancaria. Pude haber elegido auto compadecerme o permanecer enojada por el resto de mi vida, o superarlo. Me di cuenta, sin embargo, que mi mejor opción era aprender de ello. Ahora tengo más cautela en los países donde tengo mi dinero, pero lo más importante es que siempre sentí que había algo que yo podía hacer en lugar de quejarme. También ajusté mis gastos y al final salí adelante. No estaba segura de poder hacerlo, pero la incertidumbre no me paralizaba. Sin hacer nada no se logra nada.

La prosperidad siempre fluye; el dinero que entra se balancea con el que sale, como, por ejemplo, el agua en una represa. **Mantenga el flujo en positivo.** Cuando el flujo de agua que sale es mayor que el de agua que entra, pronto quedará vacía. Cuando el flujo sea positivo puede tomar ciertos riesgos siempre teniendo en cuenta el nivel de su propia represa.

Veamos el caso de Carola, uno de mis favoritos porque valoro muchísimo la educación. Nunca creí que alguien podría gastar de más en educarse.

Carola estaba determinada a recibir la mejor educación posible. Trabajó medio tiempo mientras estaba en la universidad, lo que limitaba su tiempo de estudio e influía en sus calificaciones, y decidió hacer una segunda maestría tras terminar la primera. Sus posibilidades financieras eran escasas porque no tenía buenas notas ni experiencia laboral. A pesar de tener cuidado con sus gastos, Carola terminó con una deuda considerable, mezcla de matrículas de universidad y de algunos gastos cotidianos que fueron acumulándose. Lo que Carola no consideró fue el tamaño de la deuda. Después de siete años de estar estudiando, se encontró estresada, cansada, trabajando demasiado, con una gran deuda y sin ahorros. Al borde de un colapso nervioso, pasaba sus únicos momentos libres culpándose de todo.

Hagamos una pausa para poder explicar algo sobre la deuda. Cuando usted analiza en una deuda, debe pensar en el principal (el dinero pedido), más el interés más cuotas relacionadas con el interés (el costo de usar este dinero). **Ser pobre es caro.** Las deudas también lo son. Aunque hay circunstancias que justifican gastar un poco por encima del presupuesto, siempre hay que considerar el costo real de cualquier préstamo. Hacer el ejercicio de sumar el costo total de su deuda es muy interesante. Se sorprenderá de lo que terminará pagando.

Desde la perspectiva de un prestamista, las deudas ideales acumulan intereses por siempre. Las personas antiprósperas intentan disminuir sus pagos a corto plazo, y generalmente excluyen el pago del principal, por lo tanto, sus deudas no se acaban nunca. Las personas prósperas aumentan sus pagos incluyendo el pago de más principal para deshacerse de sus deudas completamente. La idea no es pagar menos a corto plazo y más a largo plazo. La idea es hacer que la deuda desaparezca. Como Carola no había podido pagar el principal, su deuda original se incrementó en un veinticinco por ciento mientras trabajaba en su segunda maestría. Se enfocó sólo en pagar el costo del capital por su educación, y nada del principal. La opción de trabajar mas y mejor para comenzar a pagar su principal era la mejor opción.

Para ilustrar lo costoso que puede ser una deuda voy a utilizar un ejemplo personal. Decidí mudarme a los Estados Unidos a pesar de haber perdido cinco años de ahorros por la crisis bancaria venezolana en 1994. Con sólo $1,700 me trasladé a Boston. A pesar de tener una beca y un préstamo, no lograba que mis gastos se ajustaran a mis ingresos. Me tomó sólo dos años acumular una gran deuda educativa, pero me tomó ocho años cuidadosamente planeados pagar mi deuda con catorce tarjetas de crédito con un interés anual del 18% y con un préstamo del gobierno de mi país con 78% de interés. El préstamo gubernamental al 78% no formaba parte de mis planes. Fue un cambio en el contrato que tuvieron que firmar mis padres pues ya yo estaba estudiando. Y sólo tuvo sentido porque asumí que nuestra moneda se devaluaría, lo que resultó cierto. De cualquier forma, ¡el costo anual de mi deuda era casi igual a la cantidad de dinero anual que recibí con préstamo original! Al transferir la deuda a la moneda nacional, el bolívar, recibí el equivalente a US$ 20.000 anuales y pagué, durante ocho años, el equivalente a US$ 18.000 anuales. Solo una persona que haya vivido situaciones de hiperinflación puede entender estas matemáticas. Sin la posibilidad de generar ingresos en dólares y sin el efecto de las devaluaciones sencillamente no hubiese podido cancelar esa deuda. Como Carola, gasté de más en educación. A diferencia de ella, los intereses de mis gastos eran exageradamente altos, pero el rápido incremento en mis ingresos tras la adquisición de mi título y de la devaluación de la moneda de mi país compensó ese costo. Como ganaba mis ingresos en dólares estadounidenses y no en la moneda de mi país, en el transcurso de diez años el pago de mi deuda pasó de $18,000 al año a solo $400 al año. Tomé una buena, aunque arriesgada, decisión. Esta deuda, no obstante, me causó una gran presión por trabajar. Como resultado, trabajé exhaustivamente por diez años y hasta lograr cancelar cada una de mis deudas. Fueron muchos viajes a las tiendas de rosquillas y de celebraciones austeras. Esta aplicación sistemática de cuidar mis gastos también me permitió ahorrar para comprar mi casa y hacer otras inversiones posteriormente.

Si usted gasta de más, planee cuidadosamente para pagar constantemente una parte del principal, y así poder deshacerse de la deuda por completo. Esto incrementará los pagos que tenga que hacer a corto plazo, pero eliminará las deudas a largo plazo. Si tiene varias deudas, escoja una, la menor, y elimínela completamente. Siga a la siguiente.

La vacuna para el gasto de más es la planificación. Ajuste sus gastos. La gente que prospera separa una porción de sus ingresos para el disfrute personal, y lo gastan sin remordimientos. Pero definen de antemano cuando dinero van a gastar para sentirse cómodos. También dedican una parte de sus ingresos al ahorro. La fórmula que recomiendo es 10-10-10-70. Utilizo el diez por ciento en recreación, diez por ciento en ahorros, diez por ciento en donaciones, y vivo con el setenta por ciento, o menos, restante. Los pagos de mis deudas estaban incluidos en ese setenta por ciento. Cuando no tenía mucho dinero, usaba mi tiempo como recurso. Aunque mis prioridades y necesidades hayan cambiado, aún reservo dinero y tiempo para disfrutar, invertir, y donar. También me gusta tener ingresos tanto activos como pasivos. Me gusta trabajar y ganar mi dinero de forma activa tanto como invertir, lo que toma menos tiempo. Ahora llevo una vida balanceada y disfruto de haber puesto mis prioridades en deshacerme de mis deudas.

Vale la pena hacer un segundo paréntesis para poder entender bien lo que es ingreso activo y pasivo. El ingreso activo es el que se relaciona de forma "activa" con el tiempo gastado, mientras que el ingreso pasivo no tiene nada que ver con el tiempo empleado. Hay varias personas que cometen el error de decir que el ingreso pasivo es el que se gana sin emplear tiempo. Esto es falso. Siempre será necesario invertir algo de tiempo, en revisar nuestras finanzas o hacer cambios que se ajusten a la situación que vivamos en el presente.

Cuando se habla de ingreso pasivo, se debe considerar el tiempo utilizado en actividades como desarrollo, seguimiento, ventas, análisis y otros. No estoy de acuerdo en que se pueda ganar dinero sin esfuerzo. No me suena lógico. La responsabilidad económica es personal y no es transferible. Si en algún momento le dijeron que no necesita trabajar para ganar ingresos pasivos, le mintieron.

Las personas prósperas asumen la responsabilidad de los resultados de sus actividades financieras. Por ejemplo, yo no estoy interesada en invertir en acciones de compañías que tranzan en la bolsa de valores (empresas públicas). Prefiero invertir en empresas en las que pueda influir y tomar decisiones estratégicas (empresas privadas). Como no me gusta invertir en compañías públicas, delego. Hay muchas opciones interesantes en ese mercado que no quisiera desperdiciar. Por eso, yo acudo a un grupo especializado en inversiones en empresas que tranzan en la bolsa. A ellos sí les apasionan las inversiones en estas empresas, y yo la paso muy bien cuando hablamos. Juntos discutimos mis estrategias dos veces por año, y ellos se encargan de implementarlas. Siempre escucho sus sugerencias y ellos escuchan mis comentarios. Oír es distinto a escuchar. Ellos son los expertos, pero es mi dinero. Si cometen un error, puede que pierdan un cliente, pero la que pierde su dinero soy yo. Por eso debo sentirme cómoda con lo que hacen. Es ingreso pasivo porque las ganancias o pérdidas no están relacionadas con el tiempo que me toma manejarlas, no porque no asuma mi responsabilidad. Lo mismo se aplica a los libros que escribo. El ingreso que genero por escribir no se relaciona con mi tiempo escribiendo o promoviendo el libro.

La solución de Carola se basó en un simple cambio. En lugar de usar su tiempo tan limitado en entender cómo se metió en ese enredo, comenzó a buscar soluciones. Esto generó un gran impacto en su vida, no solo en sus finanzas.

Cada minuto que utilizamos en discutir un problema, es un minuto perdido, que hubiera sido mejor aprovechado en buscar soluciones. En el caso de Carola, ella se percató de que el tiempo que utilizaba en sentirse mal era mejor invertido en buscar trabajos mejor pagados. Esta era la clave para generar más ingreso. Tenía que comenzar a creer en su propia capacidad de superar sus dificultades, y tenía que diseñar y ejecutar un plan para resolver sus problemas, en lugar de perder su tiempo quejándose. Tenía que trabajar menos horas en trabajos de paga baja y buscar trabajos con buena remuneración para poder pagar la deuda completamente. Para avanzar, debía confiar en sí misma, y aprender de cualquier fracaso. La posibilidad de salir de sus deudas y de crear una estrategia financiera para vivir de sus inversiones la mantenían enfocada. Siguiendo su plan pudo rebajar su deuda lentamente al principio y rápidamente después de un par de años. Trabajar más no iba a resolver su problema; trabajar mejor si.

Las personas prósperas prefieren ser y sentirse inteligentes al manejar sus recursos, y se sienten bien por los gastos que deciden hacer. Sus ahorros crecen lo suficiente como para poder utilizar una parte para invertir, y de esta manera generan ingresos acumulativos, aunque a veces pierden valor. A paso lento pero seguro, sus ingresos pasivos llega a ser mayores que sus ingresos activos. Las personas prósperas buscan vivir de sus inversiones. Trabajan por el placer, no por el pago. Mantenga esto en su mente para alcanzar sus objetivos económicos. Muchas personas logran esto a pesar de cometer algunos errores. Para empezar o continuar con su plan, la regla es simple: lo que entra debe superar lo que sale.

Para manejar sus gastos, diseñe su modelo de gastos ideal y comprométase con usted mismo. Incluya el costo íntegro de la deuda: costo del interés, más cuotas, más el valor del tiempo invertido por Ud. en manejar su deuda. La forma de manejar la deuda puede ser tan extensa, compleja o grande como la deuda misma. En algunos casos, puede que usted decida vender su casa o auto, o incluso mudarse a una ciudad con un costo de vida menor; o tomar alguna acción más drástica. Nunca es muy tarde para comenzar.

Muchas personas no cumplen las promesas que se hacen porque tienen alguno de los otros hábitos antiprosperidad o porque olvidan recompensarse. Recuerde siempre recompensarse a usted mismo, sea con una caminata, un "bien hecho" o un helado. Siéntase bien con sus gastos. Y cuando dude, recuerde que **el dinero no le da felicidad, pero puede quitársela**.

Preferir gratificación instantánea

Preferir gratificación instantánea

Ana come en restaurantes caros, porque "nunca se sabe cuánto se vivirá".

Pedro soñaba con un auto de colección y simplemente no pudo negarse.

Sofía pensó que se merecía una casa más grande; así, se sentía exitosa.

Juan se viste a la última moda; lo hace para impresionar.

Carola comenzó su segunda maestría porque sus amigos la convencieron de que la necesitaba.

Marcos quiere demostrar que es rico para relacionarse con personas exitosas.

Juana no puede evitar comprar online; le da ventaja sobre todos los demás.

Tomás cree que sus hijos piden demasiado, pero simplemente no puede decirles que no.

Alicia viaja lujosamente; quiere disfrutar antes de que la edad se lo impida.

Paul tiene un garaje lleno de implementos deportivos; aunque solo los use una vez, quiere parecer un profesional.

Las personas antiprósperas sabotean su futuro desde su presente. No manejan sus ingresos de forma que crezcan con el tiempo. Malinterpretan la filosofía de "vivir el momento", y olvidan que el futuro se construye hoy, no ayer ni mañana. Sienten que si no tienen algo hoy, no lo tendrán mañana.

Preferir gratificación instantánea

Cuando usted cae en la trampa de pensar que el futuro es el presente, le es imposible planificar su porvenir.

Las personas antiprósperas no entienden que el pasado afecta el futuro. Miran hacia su pasado con aprehensión, porque no les ha servido para construir el presente que desean. No relacionan como su presente puede crear el futuro que desean. Olvidan su pasado. No planificaron, lo hicieron mal o tuvieron mala suerte. En los peores casos, no se percatan de cómo sus decisiones pasadas afectan su presente. Como nunca planificaron para el futuro, piensan que no pueden comenzar ahora.

Para ser justos, muchas cosas pueden salir mal aunque planifiquemos el futuro. He experimentado algunas situaciones inesperadas en las que no podía influir. Una crisis financiera, una enfermedad, una separación. Aun así, sigo sin creer en la suerte, buena o mala. Es una reacción práctica: no puedo controlar la suerte; así que, no me preocupo por lo que la suerte decida. Prefiero sentir que puedo controlar mi destino.

Las personas prósperas saben que la suerte sigue a las buenas decisiones y la preparación, no las antecede. Por eso, estas personas se sienten en control y consiguen mejores resultados.

Las personas que se preocupan más de disfrutar el presente sin considerar las consecuencias a largo plazo, pocas veces prosperan. Les cuesta darse cuenta del impacto que las decisiones económicas de ahora tendrán en su futuro. No consideran que para cada acción hay una reacción.

Si Ud. prevee que su presente le puede arruinar su futuro, hay que cambiar el presente. Es la única forma de cambiar el futuro. Nadie puede cambiar el pasado, pero cualquiera puede usar el pasado para tener un mejor mañana, cambiando las decisiones que se toman en el presente.

Las personas antiprósperas no acostumbran ver mas allá del presente o el futuro inmediato. No relacionan las decisiones del hoy con los resultados del futuro, así como tampoco relacionan las decisiones de ayer con las de hoy. En muchos casos, es solo por no pensar en ello. ¡Solo por eso!

Veamos el caso de Marcos. Él quiere demostrar que es un hombre próspero para poder relacionarse con personas exitosas de verdad. Su filosofía: "fingir, fingir, fingir hasta que que sea real" (you fake it, fake it, fake it, until you make it). Él no está dispuesto a intercambiar paz interior en el futuro por lujos que se puede dar ahora. Marcos tiene la apariencia, el auto, el club de golf, el gimnasio; lo que sea. Le gusta sentirse exitoso y estar rodeado de personas iguales. Marcos ha tomado buenas decisiones y se ha esforzado. Él cree que tiene que probar que puede pagar su estilo de vida, a pesar de que, al hacerlo, se siente incómodo por no poder ahorrar más. Marcos es un hombre inteligente al que le gusta tomar decisiones inteligentes, se siente rico pero no próspero. Aunque puede controlar bien la deuda que genera, ésta no le permite ahorrar; al punto de que no puede invertir o arriesgarse financieramente. Lamentablemente, no se ve a sí mismo como hombre próspero en el futuro. Hace no mucho, él participó en una inversión con un grupo de amigos, y pasó semanas amargado, preocupándose por perder un dinero que no deseaba arriesgar. Simplemente no se sentía cómodo con los riesgos que afrontaba el dinero que con tanto esfuerzo había ganado. Finalmente sacó todo lo que había aportado, fingiendo una emergencia.

Obviamente, Marcos se siente incomprendido. Sus compañeros y conocidos no lo entienden. Marcos se siente apartado y diferente; sigue 'fingiendo', sin llegar a 'ser'. No está siendo auténtico con lo que desea. Al poner su presente sobre su futuro, lo está hipotecando. Sus constantes preocupaciones lo cubren como una nube negra que puede caer sobre él como un chaparrón en cualquier momento.

La vacuna para la gratificación instantánea es el reajuste de la planificación. La mejor forma de lograr nuestras metas es planificando. Es una relación interesante: sin metas, no se puede hacer un plan. Sin plan, las metas no pueden ser alcanzadas. Pero planificar no es suficiente, hay que ejecutar el plan y modificarlo si es necesario. Esto se logra reflexionando. Cuando cultivamos el hábito de reflexionar sobre nuestras acciones y llevar ese aprendizaje para pensar en las consecuencias de nuestras acciones antes de ejecutarlas, obtenemos mejores resultados. Cuando he trabajado con emprendedores, he descubierto que los fracasos estaban más relacionados con mala implementación que con mala planificación. Si tenemos un plan necesitamos evaluar si las acciones que tomamos nos acercan o nos alejan de nuestros objetivos y, a medida que lo implementamos necesitamos hacer ajustes. La mayoría de las personas no tienen un plan al que se puedan apegar, ni metas objetivas que puedan medir. Por esto no pueden descubrir la relación de los eventos pasado-presente-futuro. No son sus acciones las que rigen sus vidas, sino la suerte. Viven como Alicia en el país de las maravillas, sin saber para donde van.

Veamos cómo funcionan las relaciones de tiempo. **A las personas prósperas no les cuesta tomar acciones hoy que incrementen su fortuna mañana usando su experiencia del ayer**. Saben que manejar apropiadamente su prosperidad en el presente es imprescindible para su bienestar, paz mental y disfrute en el futuro. Cambian sus "tengo que" a "quiero". Ellos pueden hacer esto porque tienen un colchón para emergencias.

Una condición característica de las personas prósperas es que las emergencias no los desestabilizan. Ellos tienen un fondo de emergencias que no tocan. En primer lugar es un salvavidas contra cualquier gasto inesperado, y en segundo lugar, pueden darse el lujo de arriesgarse invirtiendo con otros fondos. Esta tranquilidad les permite invertir cierta proporción de su dinero. Su capital fluye prósperamente y esto les da una tranquilidad enorme. A medida que continúan invirtiendo, sus ingresos pueden seguir aumentando o aun si pierden parte de sus inversiones, no dependen totalmente de ellas para sobrevivir. ¡Ése es el truco! Pero esto no se puede lograr si permanentemente estamos gastando el dinero que podemos ahorrar o si comenzamos a invertir sin tener un colchón de seguridad.

Las personas prósperas pueden posponer la gratificación inmediata porque saben que con los futuros frutos de su inversión (ingreso pasivo) podrán disfrutar de otras cosas en el futuro, en lugar de depender de su trabajo (ingreso activo) para hacerlo. Planifican para "tener" menos que hacer y "querer" hacer más.

Averigüemos un poco más como las personas prósperas manejan sus planes financieros. Están acostumbrados a mirar hacia atrás para relacionar las lecciones del pasado con lo que les sucede actualmente. En el caso de Marcos, reunirse con personas con más dinero no iba a ayudarlo a alcanzar sus metas, así que reorganizó sus decisiones. Cambio su forma de pensar de "tengo" a "quiero", y creó un plan que lo ayudaría a eventualmente reorganizar su vida para que se sintiera satisfecho. Estableciendo la relación entre sus decisiones presentes y su futuro fue capaz de tomar mejores decisiones y de ser mas auténtico, ocupándose, no preocupándose de sus decisiones.

Para prosperar hay que crear un vínculo entre el pasado, el presente y el futuro. Entender esa relación nos brinda energía para crecer. Tomamos una acción hoy para construir el mañana, analizando el ayer. Este proceso es único y diferente para cada persona. Comience por revisar sus gastos del presente reflexionando: ¿tienen sentido? ¿lo hacen sentir próspero o rico? ¿sustentan un futuro mejor o peor que su presente?

Las personas prósperas saben lo costoso que es ser pobre. Los productos y servicios más baratos son usualmente de menor calidad, los intereses son más altos, y se usa más tiempo en encontrar como hacer rendir el dinero, en lugar de disfrutar el tiempo o de generar más ingresos.

Adicionalmente, las personas prósperas saben que las emergencias no afectarán sus finanzas. Ésta es la recomendación más importante que puedo hacerle a alguien que se considere pobre. Cree un salvavidas que esté seguro y accesible, para ser usado solo en emergencias. Mi salvavidas me ahorró mucho dinero, tiempo y angustias. En las pocas ocasiones en que lo necesité —reparaciones de auto y casa, emergencia médica, un impuesto, una mudanza— mi salvavidas me dio tiempo para conseguir más dinero y de negociar mejores condiciones. Si aún no tiene un fondo de reserva, lo más inteligente que puede hacer es comenzar a construirlo, inmediatamente. Tener dinero disponible para negociar me ha demostrado lo importante que es la prosperidad. Incluso cuando tuve que utilizar parte de mi salvavidas comprar un auto, fui capaz de pagar de inmediato y conseguir un buen precio. Luego de hacerlo, me apresuré a reconstruir mi salvavidas reduciendo mis gastos, porque me di cuenta de que la prosperidad es barata. Un consultor financiero o su propio sentido común lo ayudarán a decidirse por lo que le conviene. Tener un salvavidas lo tranquilizará y le dará la confianza para disfrutar más su vida y tomar mejores decisiones en el presente. Para las personas con conflictos económicos, nada es más dulce que un salvavidas. Después de construirlo, puede ahorrar para invertir. El pensamiento de vivir de su fortuna y no de su tiempo lo motivará a mantenerse enfocado en su plan. Si se desenfoca, retome el compromiso tan rápidamente como pueda. Recuerde que la prosperidad es un flujo, no una situación instantánea.

Una última observación con respecto al salvavidas y las inversiones: cuando el dinero que entra es menor que el que sale, el flujo de riqueza es negativo. La diferencia está a menudo contenida en algún tipo de deuda. Si usted quiere recuperar el balance en la corriente, trate de disminuir primero la "salida" y luego incrementar la "entrada". Si su balance es positivo, su prioridad debe ser construir un salvavidas; pague lo mínimo de la deuda hasta que tenga un salvavidas que lo satisfaga, y entonces dedíquese a recuperar el equilibrio. Hay muchos programas y sistemas que ayudan a manejar las deudas. Busque sugerencias y ayuda, pero también recuerde que hay personas ignorantes, descuidadas o a las que no les preocupa su bienestar. Recuerde que usted decide con quien trabajar; Ud. los escoge y no ellos a usted. Sea exigente y selectivo. Póngase usted primero.

Quejarse

Quejarse

Ana se queja del machismo.

Pedro se queja del racismo.

Sofía se queja porque sus padres no la alimentaron bien de pequeña.

Juan se queja de tener tendencia a la obesidad.

Carola se queja por no conseguir tallas adecuadas.

Marcos se queja por no poder encontrar una compañera cariñosa e inteligente.

Juana se queja de tener que mantener limpia la casa.

Tomás se queja el alto costo de manutención de sus hijos.

Alicia se queja de la experiencia que todos requieren para dar trabajo.

Pablo se queja de las oportunidades que perdió por envejecer.

Las personas con hábitos antiprosperidad se quejan de cosas que están fuera de su control, su sentimiento de frustración se vuelve permanente y no logran tomar acciones sobre lo que si pueden controlar.

Quejarse

Las personas antiprósperas piensan en lo mucho que la suerte influye en sus vidas, y se concentran en lo que los afecta de forma negativa. Esto alimenta su baja autoestima y les evita pensar creativa y positivamente.

Lo peligroso de la queja es que puede matar las esperanzas. La esperanza es lo que nos impulsa a actuar. No actuamos sin esperanza y sin actuar, no podemos triunfar o fracasar. Peor aun, no podemos aprender. No sucede nada en absoluto y la energía se pierde, o, peor aún, se estanca.

Cada minuto perdido en quejarse es un minuto que podría utilizarse en pensar, crear o descubrir oportunidades y soluciones. Quejarse sobre lo que está fuera de nuestro alcance no sirve de nada. No podemos controlarlo todo, pero si nuestra forma de pensar y actuar. Nuestra actitud siempre está bajo nuestro control.

Para muestra un ejemplo. Cuando estaba actualizando esta edición, me dio neumonía y terminé hospitalizada. El lugar estaba lleno de personas enfermas y gruñonas, como yo. Todos nos quejábamos del clima, la medicina, el servicio, las enfermeras, el equipo, la comida. Con nosotros estaba una señora mayor que solía quejarse mucho. Un día su teléfono no funcionaba, así que le ofrecí el mío, y aceptó con la condición de pagarme la llamada; le comenté que no era necesario, que solo serían unos minutos y muy poco dinero. Acepté recibir un pago a pesar de mis protestas para no ofenderla. Me dió entonces diez dólares y, en cuanto atendió su hijo al teléfono, la escuché quejarse: ¡es que me han cobrado $10 por la llamada! Me costó no reírme en voz alta.

Las quejas no disminuyen incomodidades ni resuelven problemas. Usadas de vez en cuando, causan el rechazo de otros; usadas frecuentemente, crean apatía. Existen muchas alternativas para romper el ciclo de la negatividad. En su libro *Vivir sin miedo,* Rhonda Britten presenta una solución alternativa a las quejas: ella lo llama 'ventilar'. Por otro lado, Vitus Dröscher en su libro *Sobrevivir: la gran lección del reino animal,* escribió sobre la capacidad de las ratas de manejar el estrés. Cuando se les daba una descarga eléctrica, las ratas que no podían moverse desarrollaban un nivel de estrés mayor —medido en área de úlcera estomacal— que aquellas que podían mover un pie. Desde que leí eso, he tomado el hábito de salir a caminar cuando deseo quejarme de algo. En lugar de expresar mi descontento, me deshago físicamente de mi frustración caminando y no descargo esa energía negativa en otra persona. Usted puede encontrar una actividad que pueda ayudarlo a liberar la frustración de forma no destructiva para usted o los demás. Si descubre que se queja frecuentemente, es hora de encontrar una alternativa y de usar mejor su tiempo.

Veamos el ejemplo de Juana. Llena su tiempo con tareas repetitivas que la agotan. Se queja de tener que hacerlo todo de nuevo; no se da cuenta de muchas cosas bellas de la vida porque pierde el tiempo quejándose.

Se ha vuelto incluso tan buena en quejarse, que cuando se reúne con sus amigos, ¡compiten por la mejor queja! Aun así, compartir su miseria no la hace sentir mejor; al contrario, la convence aún más de que no tiene ninguna oportunidad, y alimenta sus otros hábitos antiprosperidad. Lo que es peor, nadie parece comprenderla. Ella se frustra más y más, y se siente más y más aislada. Sus amigos y familiares están demasiado ocupados con sus propias quejas o simplemente la ignoran. Sin darse cuenta, Juana ha ido alejando a sus seres queridos pues no pueden manejar su negatividad.

La vacuna contra quejarse es la creatividad. Cuando usted crea, se olvida de sus limitaciones, asi éstas estén fuera de su control. Escriba un poema, dibuje, invente un nuevo baile, una melodía, cree. Encuentre el tiempo y espacio para crear algo; distráigase de sus propias quejas con su propia creatividad. Verá como sus lamentaciones disminuyen radicalmente.

La creatividad libera porque cuando creamos no existen expectativas y no hay un final. Cuando creamos, no hay fracasos o éxitos, solo nos estamos expresando. Nada es bueno o malo, solo somos. Al crear, validamos nuestro sentido de ser únicos en el mundo. Los niños tienen mucha creatividad porque no temen fallar. Cuando nos acostumbramos a ser creativos, mejoramos continuamente. Las personas prósperas son atractivas porque desarrollan formas creativas de vivir, de manejar sus recursos (tiempo y dinero), y de interactuar con otros. Enfocándonos en cómo resolvemos problemas o creamos un mejor futuro, incrementamos nuestro sentido de ser únicos.

Juana podría crear nuevos métodos para realizar las labores repetitivas, rediseñar la forma en que ella y su familia viven, o delegar. Incluso podía hacer juegos mentales para que su cerebro estuviera activo mientras hiciera esos quehaceres. Mas interesante aun sería utilizar productivamente su frustración. Un gran número de comodidades modernas, como los refrigeradores, lavarropas, aspiradoras, y hasta alteraciones genéticas, fueron creadas por personas que estaban aburridas de hacer las mismas acciones repetidamente y, en lugar de quejarse, resolvieron.

Cuando usted crea, usted se siente libre, se divierte; se siente activo y útil, y encuentra formas de ayudar a otros, lo que lo convierte en una persona interesante y con una vida más agradable. Usted nunca considerará volver a las quejas porque, simple y llanamente, estará usando su tiempo más inteligentemente.

Compararse

con otros

Compararse con otros

Ana se considera inferior a José porque a él le dieron un ascenso.

Pedro se considera mejor que su hermano porque posee un auto de colección.

Sofía se considera superior a su hermana porque es más delgada.

Juan se considera peor vendedor que Gerardo porque es más bajito.

Carola se considera más afortunada que sus amigas porque es más bonita.

Marcos se considera mejor que sus colegas, porque hace ejercicios.

Juana considera que es mejor que sus familiares porque su casa permanece inmaculada.

Tomás se considera menos atractivo porque debe pagar pensión por sus hijos.

Alicia se considera superior a sus compañeros de trabajo porque ella siempre tiene energía.

Pablo se considera más sabio que sus colegas porque es mayor.

Las personas antiprósperas toman a aquellos que, según su opinión, son mejores o peores que ellos como referencia para evaluar su avance en la vida. Siempre encuentran a alguien más listo y próspero lo que les causa inseguridad, o a alguien menos exitoso lo que les hace sentir superiores. Juzgan a otros para reafirmar su propia creencia de que no están tan mal o de que son mejores.

Compararse con otros

Las personas antiprósperas se comparan con otros; se olvidan que el control maestro de sus vidas está en la forma en que piensan, sienten y actúan, con respecto a ellos mismos y de que es preferible evaluar nuestra trayectoria individual a lo largo de nuestra vida, que compararnos con otros.

Compararnos con otros es una espada de doble filo. No hay forma de salir bien. De hecho, uno debe de ser muy cuidadoso al manejar las comparaciones. Si no está conforme con su situación y siente que circunstancias fuera de su control han determinado los resultados de su vida —como puede que haya pasado—, puede sentirse resentido y frustrado. Si ha superado a otros puede ser arrogante y soberbio. En ninguno de estos casos es la mejor forma de ver la vida, porque depende de los resultados de otros, no de su propio crecimiento, y porque no importa cuánto lo intente, no puede controlar los resultados de otras personas. En cambio, cuando usted se concentra en otros, se olvida de cómo evalúa su propia vida y se acostumbra a usar una medida externa de éxito, en lugar de la interna. Esto causa confusión e impotencia, pues aunque usted pueda influir en cierto nivel sobre otros, no puede controlar sus vidas.

Cuando usted observa su propio camino, se siente más fuerte y realizado. No siempre puede controlar las circunstancias que lo rodean, pero puede tomar el control total y absoluto de su actitud. Este sentimiento es tranquilizador, ¿no cree?

Hoy en día, nos parecemos más a otros que a nosotros mismos. Por un lado es maravilloso lo que hemos avanzado. Tenemos acceso a productos y servicios que son cada vez mejores y de menor precio. Por otro lado, este avance hace muy difícil encontrar un equilibrio entre dos posiciones en conflicto: ser único y pertenecer a un grupo.

Vale la pena resaltar los trabajos de Carol Dweck sobre motivación en niños superdotados. En su libro *La mentalidad: la nueva psicología del éxito,* señala lo que yo llamo "la debilidad del genio": cuando un niño prodigio es elogiado, pierde la capacidad de cuestionarse y aceptar el rechazo, los retos y las dificultades. El elogio se convierte —según mis palabras— en una debilidad, pues estos niños se acostumbran a pensar que tienen algo especial por un asunto genético en el que no tienen nada que ver y no por su propio esfuerzo. Si usted se siente superior a los demás por cualquier razón, no va a arriesgarse a fracasar. ¿Cómo va a atreverse a hacer lo que no sabe o a aprender por ensayo y error? Las alegrías de la vida no se encuentran solo al final de ésta, sino a lo largo de todo el camino. Por otro lado, hay un cierto vacío en alcanzar una meta sin esfuerzo. Sin desafíos no podemos crecer. **Queremos ganarnos el éxito**. El pensamiento de poder superar obstáculos es rejuvenecedor.

Observemos a Tomás. Él se siente muy incómodo por los acuerdos a los que ha llegado con su ex esposa. Siente que la ley no lo ha ayudado, y que ha favorecido a una persona muy capaz y profesional —su ex esposa— asumiendo que no puede mantenerse a sí misma. Se siente desilusionado. Él creía que ambos trabajaban como un equipo, y se siente sumamente amargado con respecto al sistema legal.

Tomás no cree poder confiar lo suficiente en otra persona como para compartir su vida y sueños por miedo a ser considerado un banco ambulante otra vez. También piensa que no es tan listo como otros hombres porque no consiguió un buen arreglo en el divorcio. Se molesta cada vez que recuerda como tuvo que conseguir un pequeño apartamento y vivir meses sin las comodidades por las que tanto había trabajado, y cómo sus hijos no tenían sus juguetes o sus buenas camas cuando venían de visita. Debería de tener la mitad de los juguetes de sus hijos en su hogar y ser reconocido como un padre activo tanto en la escuela como fuera de ella, participando en las decisiones con respecto a la formación de sus hijos y los gastos que se requieran. Siente que está manejando mal su parte de los gastos y le preocupa comentar cualquier cosa sobre la pensión para sus hijos porque piensa que otras personas quizás se pongan en su contra. La mayoría de sus amigos no tienen este problema. Tomás se aísla, porque siempre habrá alguien mejor que él.

A pesar de haber sido un estudiante y trabajador sobresaliente, Tomás ya no se siente motivado a sobresalir. Manejar su compañía se ha vuelto estresante, y no piensa en incrementar sus ganancias al sentir que una gran parte de esto irá inevitablemente a satisfacer los intereses de otra persona —en este caso, su ex esposa— que no comparte sus mismos anhelos y que no se ha esforzado como él. Siente que no tiene suficiente dinero para gastar en sus hijos, o para ahorrar y pasar sus años futuros retirado y pintando, pasión que conserva desde su niñez. Se siente atrapado, obligado a trabajar, luchando para equilibrar su trabajo y su vida, y preguntándose si alguna vez encontrará a alguien con quien compartir la vejez. A menudo se encuentra pensando en su mala suerte. Su sentimiento de inseguridad es especialmente devastador porque nunca experimentó un fracaso y no sabe como manejarse. Tampoco es buena compañía porque su principal tema de conversación cuando socializa es la injusticia del sistema de divorcios.

La vacuna para compararse con otros es el autodescubrimiento. Cuando nos miramos y nos percatamos de la forma en que creamos las vidas que vivimos, nos sentimos en control de ellas, nos impulsamos a actuar, pensamos creativamente, apreciamos nuestros esfuerzos y nos sentimos bien con nosotros mismos. Si nos comparamos con la situación en la que llegamos al mundo: desnudos, frágiles e incapaces, hemos avanzado. Hemos creado la vida que tenemos y por lo tanto que podemos crear la vida que deseamos.

No importa a lo que usted se enfrente en el presente, siempre puede mirar hacia atrás para encontrar seguridad en las decisiones bien tomadas y humildad en las que estuvieron equivocadas. Incluso si lo que ha logrado no lo hace feliz, cuando piense que Ud. controla su vida, comenzará a planear, a elegir inteligentemente y a aprender de sus errores y de sus éxitos.

A menudo pensamos que el fracaso es la cara opuesta al éxito. Pero no es así. Tanto el éxito como el fracaso son las caras opuestas de la inactividad. No hacer nada es efectivamente uno de los caminos a tomar, pero es el peor de todos. No tomar decisiones es una decisión.

No actuar es peor que fallar, porque ni siquiera nos queda el aprendizaje. Al tomar una decisión, inevitablemente nos arriesgamos.

Las personas prósperas están satisfecha con lo que son. Se comparan solo con respecto a las fases de sus propias vidas —no de las vidas de otros. Considerando lo inútiles que somos al nacer, siempre es posible sentirnos felices con nuestros logros. Las personas prósperas disfrutan el viaje, y cuando llegan al final de una fase, buscan un nuevo comienzo. Y, en el proceso, se sienten con la libertad de disfrutar de sus victorias, aprender de sus fracasos, corregirse, y hasta pedir perdón. No se obligan a ser perfectos, porque no se comparan con nadie más. La perfección es irrelevante.

No necesitamos ser mejores que nadie más; necesitamos ser mejores que nosotros mismos.

Valorarse por lo que uno posee

Valorarse por lo que uno posee

Ana será próspera cuando tenga una yate.

Pedro se sentirá rico cuando tenga un millón de dólares.

Sofía se sentirá próspera cuando pueda vivir de los dividendos de su empresa.

Juan se sentirá rico cuando tenga quinientos mil dólares disponibles, una casa pagada y no tenga deudas.

Carola será rica cuando se compre una casa.

Marcos se sentirá rico cuando tenga tres millones de dólares.

Juana se sentirá rica cuando sea dueña de su propia empresa.

Tomás se sentirá rico cuando pueda pagarse un viaje alrededor del mundo.

Alicia se sentirá rica cuando tenga cinco millones de dólares.

Pablo se sentirá rico cuando se compre una islita en el Pacifico o en el Caribe.

Las personas antiprósperas, confunden prosperidad con posesiones. Piensan en su riqueza, no en su prosperidad. La riqueza es solo una parte de la prosperidad, es un punto en un ciclo. Nos gusta porque es una medida objetiva y aplicable a muchas situaciones, lo que facilita sacar conclusiones y evaluar alternativas. La prosperidad es un flujo de recursos, entre ellos, el más valioso que tenemos es el tiempo, no el dinero. El tiempo es el único factor limitado, y nunca sabemos cuándo se nos acabará.

Valorarse por lo que uno posee

El dinero es una ilusión. Pensamos que queremos dinero, pero lo que en realidad deseamos son las opciones que pensamos que tenemos cuando tenemos dinero. De forma intuitiva, preferimos pensar en "prosperidad" que en "dinero" porque sabemos que el primero es un concepto más amplio. El dinero es solamente una manera de medir en la que estamos de acuerdo. Eso no pasa con la paz, la felicidad, la armonía ni la prosperidad. La gente "rica" tiene mucho más dinero que un promedio establecido por referencia a una comunidad, sea el estado, la región, el país, o el mundo. Es una comparación directa y una observación inobjetable. En cambio, la medida de la prosperidad es el flujo de recursos que manejamos. Esta medida es personal, pues no todos tenemos necesidades similares. Además, nuestras necesidades cambian a lo largo de nuestras vidas. Lo interesante es que, cuando cambiamos nuestro enfoque, de "dinero" a "recursos", podemos crear y descubrir nuevas oportunidades. Es la sensación de tener opciones con el dinero lo que nos motiva a desear más.

Cuando limitamos nuestro pensamiento al dinero, no logramos pensar en nuestros otros recursos, como amistades, tiempo, conocimiento, y no podemos explorar otras posibilidades. Por ejemplo, una vez viví en una casa lujosísima porque sus dueños se mudaron a Francia por dos años a estudiar. Lo que les pagué para vivir ahí no llegaba ni a la mitad del valor de mercado, pero mi estadía ahí les ahorraba a los propietarios gastos en almacenaje y otros gastos, y me permitía disfrutar de una casa exquisita. Fue un buen acuerdo para todos.

Nada como el concepto de 'financiamiento sin capital' para explicar como podemos expandir nuestra noción de que el dinero es nuestro recurso más valioso. Es un método de financiamiento en el cual se buscan colaboradores naturales para compartir recursos y lograr objetivos. Por ejemplo, el restaurant de mi hija ofrece promociones especiales a miembros de las iglesias cercanas los domingos, de esta manera colaboran con su comunidad y al mismo tiempo su gastos de promoción están enfocados a aumentar el flujo de clientes en los domingos, un día de menor flujo. El restaurant podría pagar promoción en la radio y las iglesias podrían buscar mas donaciones, en cambio, ambos se benefician. Los sistemas de trueques también son un buen ejemplo de el uso de recursos sin pago de dinero.

Cuando medimos la prosperidad con dinero, dejamos fuera muchas otras posibilidades y dejamos de pensar en recursos como un concepto más amplio. Hay muchos gastos y beneficios ocultos. Algunos gastos son fáciles de medir, como intereses y uso de tiempo. Otros, como el ambiente, la salud y el bienestar, son más difíciles de determinar. Muchas personas, por ejemplo, están preparadas para pagar más por productos orgánicos que hayan sido cultivados cerca de casa, con contratos de venta justos que brinden, además del producto en si, una sensación de satisfacción por el cuidado del ambiente y de la economía local. Sí, a la gente le importa.

Las personas antiprósperas piensan en dinero, no en recursos. Como están estancados en este pensamiento, no logran evaluar beneficios más allá del dinero. Esto limita sus posibilidades y por lo tanto, sus decisiones.

Asumir que el dinero es igual a la prosperidad es similar a asumir que el precio y el valor son iguales. Veamos el ejemplo de un vaso de agua. El valor de un vaso de agua depende en gran parte de sus circunstancias. Estamos dispuestos a reconocer esa diferencia pagando diferentes precios en la casa de un amigo, en un aeropuerto, en una isla desierta, o en un spa de lujo.

Los precios de las acciones que transan en la bolsa son un muy buen ejemplo de estas diferencias. Los corredores de bolsa saben que el precio y el valor percibido son diferentes. Lo que vale para una persona que compra acciones es la posibilidad de recibir dividendos o de venderla a futuro a mejor precio. Todos estas percepciones se basan en juicios individuales, no sabemos realmente a cuanto se puede vender una acción, y el valor que estimamos es individual, no puede intercambiarse hasta que ocurre una compra o venta, por eso los valores de las acciones son tan fluctuantes y hay personas dispuestas a vender o a comprar a diferentes precios.

Veamos el caso de Pablo. Él suele bromear al decir que en lugar de haber llegado a "los años dorados", ha llegado a "los años dañados". Pablo tenía altas expectativas sobre su vida. Su espíritu de aventura lo hacía gastar de más en equipos de recreación, deportes y otras actividades que le agotaban sus recursos.

Pablo podría ser considerado como una persona rica de acuerdo a sus posesiones. Con una cantidad considerada como adecuada en cuanto a ahorros e inversiones, no se sentía próspero pues no disfrutaba de su riqueza. Pensando en recursos, Pablo comenzó a evaluar el tiempo que realmente disfrutaba y notó que su manía de adquirir equipos para hacer ejercicios y deportes solo servía para llenar espacios y la satisfacción que recibía a cambio era temporal. Cuando Pablo comenzó a monitorear cuánto tiempo disfrutaba con sus hobbies y cuánto tiempo pasaba preocupándose, tuvo una perspectiva muy distinta. Pablo poseía un auto de carreras, un bote, un equipo de pesca y otro de buceo, varios caballos y hasta una avioneta. Sus gustos eran refinados, y aunque podía pagar esos lujos, el disfrute que le proporcionaba explorar nuevos hobbies no valía el tiempo que gastaba preocupándose por escoger los mejores productos, o preparándose físicamente.

La necesidad de dinero de Pablo fue autoimpuesta y, en gran parte, creada por su necesidad de demostrarse a sí mismo y a otros el éxito que había logrado.

Pablo era una persona rica, pero pensaba más en lo que 'necesitaba' hacer que en lo que 'quería' hacer. Para Pablo, tener más dinero significaba gastar más dinero, no disfrutar más de su vida. Sus hobbies no agregaban felicidad a su vida, la agotaban.

Este caso me recuerda al famoso libro de Robert Kiyosaki, *Padre Rico, Padre Pobre*. En éste, Kiyosaki demuestra una de las lecciones más valiosas con respecto a la prosperidad: los activos deben generar ingresos. Este es un pensamiento de riqueza. Construyendo en base a esa reflexión yo considero que los activos debe crear recompensas. En otras palabras, busque que sus recompensas (emocionales, financieras, intelectuales y espirituales) sean mayores a sus costos (emocionales, financieras, intelectuales y espirituales). Cuando usted se percate de que sus recursos son más valiosos que su dinero, tomará mejores decisiones. Estas decisiones son una expresión real de lo que usted es, y reflejan sus valores únicos e individuales como persona. Los publicistas saben esto y tratan de convencerlo de que la vida es mejor con este o aquel producto porque otras personas – que posiblemente Ud. no conozca – lo declaran. Esto es confuso pues los valores percibidos son únicos y viven dentro de nosotros. Mire dentro para encontrarlos. Utilice la publicidad como fuente de información, no de decisión.

Otro autor, Barry Schwartz, en su libro *La paradoja de las decisiones,* explica como el tener demasiadas opciones dificulta la toma de acción. Con menos opciones, somos mas felices y compramos mas. Pensando en estos comentarios, reflexiono sobre el acceso a información como producto del internet. Estamos acostumbrándonos a tener servicios y productos aunque ni los deseamos ni los valoramos; de esta forma, gastamos nuestros recursos en la gratificación instantánea porque los mensajes publicitarios nos convencen.

Pero volvamos al caso de Pablo. Nuestro amigo se fue a caminar después de comparar el tiempo que gastaba en disfrutar con el tiempo que gastaba en preocuparse. No se paró al llegar al gimnasio; solo caminó, perdido en sus pensamientos. Percibió el olor de la calle, su ruido ensordecedor, la ausencia de pájaros. Comenzó a contar los árboles, solo para darse cuenta de que trataba de descubrir el más alto —personalidad competitiva, pensó él. Planeó un viaje de pesca, con la caña más simple que podía encontrar, revisó la tienda de pesca, busco información en internet, pero en lugar de comprar esa caña sencilla, hizo una lista sobre el manejo de sus ingresos, y poco a poco pasó de gastar a disfrutar, vendiendo las cosas que no le aportaban beneficios. Liberándose de estas preocupaciones.

La vacuna para medir nuestro valor con lo que possemos es valorar el disfrute de nuestro tiempo. Las personas prósperas no tienen más dinero, disfrutan más de lo que tienen. Ellas saben que el factor que más limita nuestras vidas es el tiempo, no el dinero. Debemos aprender a equilibrar nuestras vidas de manera de disponer de tiempo para disfrutar, para aprender, para ayudar a otros, etc. Ahí está la verdadera prosperidad. Al darnos cuenta de que podemos pasar un buen rato independientemente del dinero, el dinero se vuelve secundario a la felicidad. Un punto adicional que merece la pena considerar es nuestro sentido de pertenencia y legado. Nos sentimos prósperos cuando contribuimos a una causa importante para nosotros. Donar artículos que no nos hacen falta, proveer de nuestro tiempo como voluntarios y apoyar el desarrollo de iniciativas que no tengan fines comerciales nos muestra otras alternativas a la prosperidad basada en recursos y no en dinero.

Las personas prósperas no "necesitan" dinero. No es que deseen ser pobres, o que piensen que vivir con menos dinero es espiritual de alguna manera. Ellos han roto los lazos entre la felicidad y las posesiones; han aprendido que ser prósperos tiene que ver con el balance de sus recursos que con lo que poseen. Su felicidad es interna, y buscan hacer lo que les apasione; la prosperidad consiste en el balance positivo entre recursos que ingresan y egresan. No se mide en posesiones sino en valor. Como dice la propaganda de una tarjeta de crédito: no tiene precio. Nuestro valor radica en lo que hacemos, no en lo que tenemos.

Nuestras posesiones construyen nuestra prosperidad en forma de recompensas de varios tipos. Deberían darnos energía, no preocupaciones. Incremente sus posesiones de acuerdo a este concepto.

Cuando usted rompa el nexo entre prosperidad y dinero, aprenderá a disfrutar de su vida. Cuando el dinero deje de afectar su felicidad, usted podrá tomar mejores decisiones porque éstas están basadas en lo que usted quiere hacer, no en lo que debe hacer o en lo que cree que otros quieren que haga.

Aislarse de la familia

Aislarse de la familia

Ana no habla con su familia; son muy diferentes.

Pedro no se mantiene en contacto con su familia; para él, todos ellos son perdedores.

Sofía no visita a su familia; ellos nunca la apoyaron.

Juan detesta a su familia; son agresivos y sarcásticos.

Carola no le habla a su madre; no va a soportar más abusos verbales.

Marcos no ha visto a su familia en años; ellos son muy egoístas.

Juana no se lleva bien con sus parientes, porque siempre le están pidiendo dinero.

Tomás detesta la visita anual que le hace a sus padres; nunca sabe qué decirles.

Alicia no tiene la energía para tratar con sus hermanos, no siente ninguna conexión con ellos.

Pablo no trata con ninguno de sus parientes; él fue medio descarriado en su juventud, y no quiere que se lo recuerden.

Las personas antiprósperas no tienen buenas relaciones con sus familiares. Por un lado no pueden aceptar tener familiares diferentes. Como no pueden manejar sus relaciones familiares de una manera positiva se alejan y se vuelven egoístas. Ellos acusan a sus familiares de ser poco apoyadores, difíciles de tratar, o se avergüenzan de ellos.

Aislarse de la familia

La relación entre la familia y la prosperidad es bastante curiosa. La familia es el mejor nexo a nuestra esencia. Ellos no nos definen, pero sí lo hace la forma en que los tratamos. Estos lazos se forman durante nuestra infancia. La infancia es un tiempo de libertad y espontaneidad en nuestras vidas. Mantener los lazos con nuestra niñez nos ayuda a concentrarnos en nuestras metas y valores. Maurice Nicoll escribió en su libro *Comentarios,* una reflexión del filósofo Gurdjieff muy interesante. Según Gurdjieff, tras unos primeros años de vida llenos de autenticidad, entramos a una etapa de confusión acerca de quiénes somos, qué queremos y cuál es nuestro propósito en la vida: nos hacemos adultos. Después de muchos años, llegamos a una edad en que no nos importa el 'que dirán' y volvemos a reconciliarnos con nuestro pasado para convertirnos en quienes estábamos destinados a ser en un principio. Eso, claro, si logramos vivir lo suficiente como para volver a recuperar esa autenticidad que perdimos al madurar.

Esta es la importancia de la familia. Nos ayudan a atar los lazos entre nuestro pasado y nuestro presente. La familia es una gran fuente de inspiración, tensión, crecimiento, amor y compasión. Como la familia no se escoge, recibimos de ella la oportunidad de dar, pedir, sobrepasar nuestros límites, explorar quienes somos, inspirar, dejar un legado, y aceptar o tolerar diferencias. Deberíamos estar profundamente agradecidos, y apreciar a nuestras familias con ese concepto más amplio. Las personas antiprósperas ven a sus familias como objetos de vergüenza, chisme y frustración.

Observemos el caso de Alicia. A ella le molesta el hecho de que sus padres y sus hermanos opinen sobre su vida. A ella nunca le ha gustado pasar los feriados con su familia porque sus comentarios la hacen sentir incómoda. "Como si ellos fueran perfectos", es su respuesta natural ante las palabras de su familia. Su hermano no es capaz de mantener un trabajo estable, y su hermana es una snob que presume de ser vegetariana y de trabajar como voluntaria en algún lugar de Asia. Su padre se queja de sentir su rechazo. Su madre critica a su padre frecuentemente. Es demasiada tensión.

Aun recuerda con amargura el comentario que recibió tras compartir con ellos la noticia de un ascenso: "no vueles muy alto, para que la caída no duela tanto." Alicia siente una mezcla de envidia y tristeza al ver lo apoyadores que son los padres de algunos de sus amigos. Ella no puede siquiera imaginarse a sus parientes diciendo "estamos orgullosos de ti". Tampoco recuerda haber recibido jamás una llamada de sus padres. La última vez que se mudó, su familia le ofreció ir a visitarla "cuando hayas terminado de desempacar".

Ella se ha alejado de su familia y la presión que siente cuando se acercan las vacaciones de fines de año se le hace insoportable. Se siente obligada a ir y siente que ellos se sienten obligados a recibirla. No hay cariño.

Cuando va de visita, Alicia se excede en regalos para su familia. Ella no disfruta las horas que utiliza para conseguir los regalos "perfectos". Sin embargo, sí se molesta al pensar que no puede permitirse ciertos gastos porque "tiene que" llevarles cosas a su familia. Para buscar la aprobación de sus padres, Alicia los lleva a casinos. Luego pasa dos a tres meses pagando la deuda acumulada y tratando de mantenerse a flote.

La vacuna contra aislarse de la propia familia es la aceptación. Nada es más agradable que sentir amor por aquellos que son cercanos a uno. Esto da un sentido de pertenencia, a pesar de que algunos parientes son casi imposibles de querer. No tenemos que estar con ellos todo el tiempo, solo tenemos que aceptarlos como son. Si bien es cierto que en algunos casos es necesario poner límites, podemos balancear estos límites con nuestros propios sentimientos de aceptación y aprendizaje.

Nuestra familia fortalece el sentido de pertenencia a un grupo. Queremos que nuestros familiares sean perfectos porque internalizamos sus éxitos y fracasos. Cuando escucho a alguien mencionar una característica poco agradable de un pariente, casi inevitablemente viene acompañada de una explicación: eso viene del "otro" lado de la familia.

Las familias ponen constantemente a prueba nuestras emociones. Nosotros juzgamos a nuestros familiares más duramente que a nuestros amigos por dos razones: Estamos atados eternamente a ellos y sentimos que nos representan. El vínculo que tenemos con nuestra familia no se deshace. Mi abuelo solía decir: "La sangre no se agua". Yo no tengo una familia perfecta, sino maravillosa, a pesar de que algunos de mis parientes han puesto a prueba mi lealtad varias veces.

Nuestros familiares nos brindan de una oportunidad tremenda para aceptar la diversidad. Yo tuve situaciones difíciles con mi madre cuando crecía, y con mi hija cuando ella estaba creciendo. Yo quería que las dos fueran perfectas. Fue mi hija la que me señaló el problema de querer tener una familia perfecta mientras discutíamos. En su opinión debía dejar que se desarrollara a su manera. Nuestras discusiones no tenían nada que ver conmigo sino con su proceso de crecimiento. En una oportunidad, tras varios intentos de llegar a un acuerdo y a medida que los ánimos se iban caldeando, subió la voz y gritó: "¡porque tú no eres la madre perfecta y yo no soy la hija perfecta!". Entonces todo tuvo sentido. Yo quería una familia perfecta. Me quedé pensativa un tiempo: ¿era esto lo que quería? ¡Qué desperdicio de oportunidades!

Mi visión de familia estaba errada. Me tomé un tiempo para revisar mi relación con mi familia. Cuando cualquiera de los miembros de mi familia no alcanzaba las expectativas que yo esperaba, yo perdía la paciencia. Aun recuerdo darle clases de matemáticas a mi hermano menor y decirle: "no te pido que seas inteligente, solo que seas normal". También recuerdo a otra hermana que me criticaba por vestirme mal, mientras ella lucía espectacular. Juntas éramos la bella y la desgarbada.

El comentario de mi hija abrió un mundo de posibilidades. A partir de ese momento comencé a explorar si la manera de manejar las relaciones familiares tendrían algún impacto en las decisiones financieras de las personas. Y noté que si. Cuando nos sentimos avergonzados de nuestra familia nuestras decisiones financieras son peores. Es como si relacionáramos que, si nuestros familiares no son maravillosos, hay algo malo en nosotros mismos. Sin embargo, si no podemos quererlos por quienes son, respetar su evolución en la vida, su capacidad de superar los desafíos, y respetar su posibilidad de fracasar ¿cómo podemos aprender a entender a otros fuera de la familia? ¿Y qué esperamos de nuestra familia con respecto a nuestras fallas, debilidades, fracasos, preocupaciones y hasta nuestros éxitos?

La mayoría de nosotros preferimos a los amigos por encima de la familia. Es más fácil relacionarse con alguien cuando sabemos que la relación puede romperse. Ambas partes hacen un esfuerzo. La amistad se basa en afinidad y si solo nos rodeamos de 'amigos' perdemos oportunidades de explorar áreas totalmente diferentes a las que estamos acostumbrados. Nuestra familia, sea como sea, nos hace mas humanos.

Es fácil tener amigos, porque podemos escogerlos. Incluso podemos apartarnos de ellos cuando lo deseemos con pocas consecuencias, lo que le da a la relación una fragilidad saludable.

Muchas personas están en desacuerdo con mi posición de que podemos aceptar a los familiares 'difíciles de aceptar'. No se trata de tolerar pues no somos mejores que ellos, sino de aceptar que podemos co-habitar en el mundo. Hay muchas probabilidades de que nuestros familiares nos apoyen como nosotros los apoyamos a ellos. Podemos pasarnos la vida esperando su cariño pero también podemos ser los iniciadores y no los seguidores de un cambio. No es fácil si no estamos acostumbrados, pero vale la pena el esfuerzo.

Una de las lecciones más valiosas sobre las relaciones familiares la aprendí de mi primera suegra. Ella es una de esas personas que nos hacen sentir queridos y cuidados en cualquier ocasión. Un par de semanas antes de que mi primer hijo naciera, nos robaron a nuestro perro. Haciendo de espía encontré una pista a un barrio pobre y peligroso en la ciudad donde vivían mis suegros. Armados de valor nos fuimos a buscar a nuestra mascota. Llegamos de noche, cuando mis suegros ya se iban a acostar. Cuando les dijimos lo que queríamos hacer, ella trató de convencernos de quedarnos. Frustrada, molesta y cansada, le dije "No es problema tuyo". Ella respondió calmadamente "Claro que lo es; te quiero y me preocupas. Podemos discutir lo que quieras pero no voy a dejar que se pongan en peligro". ¡Que lección! Cuando me armé de valor y me disculpé, años después, ella sólo me dijo que no había necesidad de disculparse. Su nivel de aceptación era increíble; todo el mundo se sentía bien con ella. Esa lección me ha acompañado a lo largo de muchas situaciones difíciles. Hay amor cuando estamos dispuestos a decir cosas que sabemos que pueden molestar porque es más importante para nosotros compartir esa reflexión. Hay respeto cuando aceptamos que nuestro mensaje puede no servirle a otra persona. Hace poco me tocó darle esta lección a mi hijastra: "*a veces*, le comentaba, *querer a una persona es una prueba difícil. Demostramos cuanto los valoramos cuando estamos dispuestos a decirles algo que probablemente no deseen escuchar pero tomamos el riesgo porque sentimos que deben escucharlo*". Es un balance delicado, que nos brinda muchas lecciones.

Las personas prósperas participan activamente en apoyar y cuidar a los miembros de su familia, no por lástima o soberbia, sino por amor. Estas personas buscan arreglar sus diferencias, son solidarios con las debilidades y generosos con la celebración de los logros de sus parientes.

Si Ud. piensa que su familia es difícil, le recomiendo leer a David Pelzer, víctima de uno de los peores casos de abuso infantil de los Estados Unidos. Su caso es una gran inspiración y enseñanza sobre cómo convertir familias difíciles en oportunidades de aprendizaje.

Las personas prósperas no ignoran los desafíos que implican las relaciones familiares; más bien utilizan su creatividad para encontrar y construir soluciones. Fomentan la comunicación honesta con sus familias, esperan y ofrecen ayuda, y aprenden. Tener ese sentido de pertenencia da fuerza al círculo íntimo de personas que todos deseamos tener, lo que desarrolla confianza. La confianza hace a las personas tomar mejores decisiones. Las personas prósperas no tienen mejores familias; trabajan para crearlas y mantenerlas.

Mi sistema para cambiar hábitos

Mi sistema para cambiar hábitos

No hay métodos complejos sino difíciles de seguir. Si a usted le preocupa su prosperidad y ha descubierto que ha experimentado algunos de los desafíos de nuestros ejemplos, es hora de tomar acciones. Ahora que usted ha conseguido ver esos diez hábitos antiprosperidad con lentes de auto-descubrimiento, haga un plan para cambiar los hábitos que desee.

Mi sistema para cambiar hábitos

Yo tengo un sistema personal para cambiar hábitos, el cual modifiqué del sistema de un amigo que quería dejar de fumar, por allá en los años setenta. El sistema comienza con enfocarse en traer el hábito al consciente. Solo eso. Antes de buscar cambiar un hábito, debemos traerlo al consciente. Los hábitos son difíciles de cambiar porque nos son invisibles. Al percatarnos de ellos, los hacemos reales. La siguiente fase es hacer solo un cambio a la vez. Proseguimos incorporando el mismo cambio más a menudo. Terminamos por sustituir totalmente un hábito por otro. Como los hábitos son invisibles, sustituimos totalmente un hábito por otro al olvidarlo.

Estos son los pasos:

1. Tome conciencia del hábito que desea cambiar.

Escoja un hábito que desee modificar. Dedique un tiempo a conocer lo que rodea ese hábito. Reflexione sobre lo que ha pasado. Su objetivo es traer el hábito al consciente para poder cambiarlo, no para sentirse mal por su comportamiento. Anote, al final del día, las veces en que observa que el hábito que desea cambiar, pida a sus amigos que le recuerden. Estudie su hábito como si fuese un curso avanzado de comportamiento humano. ¿Cuándo ocurre? ¿Qué lo dispara? ¿Qué siente antes? Esté alerta a esas señales tempranas del hábito. Bloquee cualquier sentimiento negativo con respecto a este hábito en particular. Establezca un patrón que indique lo que antecede al hábito.

2. Defina el cambio del hábito.

La mejor manera de manejar un hábito negativo o no deseado es cambiándolo, no eliminándolo. En este sentido, en lugar de pensar en el hábito como un problema, podemos lograr resultados mas efectivos y rápidos si nos enfocamos en la solución – cual es la alternativa. Como habrá podido observar a través de las vacunas sugeridas, no nos deshacemos de un hábito cuando lo eliminamos ni cuando tomamos el comportamiento opuesto. Por ejemplo, si deseamos nuestro hábito de quejarnos, es muy difícil tomar el camino de la eliminación.

Esperar que podamos 'dejar de quejarnos' es demasiado vago como para poder tomar acciones. Pensar que podemos ver el lado positivo de cada queja es irracional; el camino mas corto para cambiar este hábito no es transformar la queja en una alabanza. Peor aun, cambiando quejas por alabanzas es tan poco auténtico que nos trae otras complicaciones, después de todo, nos quejamos porque no estamos satisfechos ¿no es ilógico pensar entonces en que debemos aceptar lo que no deseamos? Es mucho mas fácil y saludable tomar un camino diferente y no opuesto. Es mucho mas fácil tomar la acción consciente de dar gracias por algo, que de no quejarnos. Si nos acostumbramos a ser agradecidos, por lo que auténticamente podemos sentir, es mucho mas fácil cambiar el hábito de quejarnos.

Para prepararse, practique como va a ser su nueva reacción. Haga una lista de opciones. Póngase a prueba sin sus emociones. Háblele al espejo. Prepárese para un solo cambio.

3. Inicie el cambio.

Cambie el hábito una vez. Recuerde que el primer paso es el mas difícil. Los hábitos nos colocan en automático y son muy difíciles de cambiar inicialmente. Lo mas probable es que se encuentre funcionando dentro del comportamiento que no desea antes de poder cambiar.

Las redes neuronales de nuestro sistema nervioso – y el de los animales- se conectan automáticamente, y una redirección es costosa energéticamente. Por eso, necesitamos utilizar nuestra conciencia, nuestro razonamiento para interferir. En el caso de los animales podemos usar un condicionamiento, dando un premio o un castigo. Esto puede servirle si Ud. cuenta con amigos que pueden ayudarle de manera externa, pídales que lo frenen o le recuerden la alternativa que escogió en el paso anterior. Si no es así, cree un recordatorio y acostúmbrese a leerlo. De esta manera estará preparando sus redes neuronales hacia una nueva conexión. Recuerde que el cambio es posible, y que el gasto energético va disminuyendo a medida que va sustituyendo un hábito no deseado por uno deseado. Enfóquese en cada paso.

4. Prémiese por cambiar el hábito *una* vez.

Reflexione sobre ese cambio. ¿Se siente mejor? ¿Cómo puede celebrarlo? ¿Puede compartir ese logro con otras personas? Para recuadrar sus procesos automáticos, fortalezca su sensación de recompensa prolongando su logro. Si puede, compártalo, coméntelo. Busque recompensas externas, en este sentido los elogios de sus amigos pueden ser muy útiles. Igualmente puede auto-premiarse. En cualquiera de los dos casos, fortalezca su capacidad de cambio al valorar su esfuerzo y recompensarse por esto. No espere que cambiar un evento cambie un comportamiento. La mejor predicción de un habito es un habito anterior, así que tómese el tiempo de fortalecer conscientemente cada cambio, como veremos en el siguiente paso, pero reconozca que puede tener recaídas. Esto es parte del proceso de cambio.

5. Aumente la tasa de sustitución.

Registre, una vez más, las veces en que usted recae en el hábito y las veces en que puede modificarlo. Siga estudiando sus hábitos. Reflexione y busque alternativas para prever su comportamiento y poner en práctica alguna alternativa rápidamente antes de que el hábito relegado quiera reaparecer. Celebre con cada sustitución y practique para fortalecer su sistema de respuesta automática.

6. Olvide el hábito viejo.

Si usted ha logrado sustituir su hábito por otro más beneficioso, lo olvidará a no ser que alguien más le señale que

Ud. ha cambiado o que usted quiera hacer una retrospectiva y ayudar a otra persona a cambiar sus hábitos.

Mis últimas palabras en este libro se refieren a su prosperidad. Escribí este libro pensando que existen maneras mas eficientes de lograr nuestros objetivos. Espero que estas notas le ayuden a eliminar las anclas que lo preocupan. Espero contribuir así a que usted pueda tener una vida más plena y que contribuya con su vida a mejorar su entorno, porque todos necesitamos más personas ocupadas y menos preocupadas.

Cuando somos prósperos, el dinero no es tan importante en nuestras vidas, y tenemos una mayor libertad para disfrutar la vida y compartir nuestra prosperidad con otros. Logramos comprender que nadie tiene que perder para que nosotros ganemos, nuestras comunidades prosperan y nosotros construimos un mundo mejor. Todo comienza con una persona: usted, pero nos contamina positivamente a todos.

Finalmente quisiera hacerle un llamado a contribuir con sus observaciones. Si Ud. se ha beneficiado de este libro, si tiene sugerencias y quiere aportar, comuníquese con nosotros en nuestro sitio www.thetenunwealthyhabits.com. Déjenos un comentario en www.amazon.com o búsquenos por internet. Siempre estamos interesados en hacer de este mundo, un mundo mejor, y sabemos que solos no podemos.

Brindando por su prosperidad,

~ Alicia Castillo Holley ~
www.thetenunwealthyhabits.com

Lecturas recomendadas:

Rhonda Britten. 2005. *Vivir sin Miedo.*

Alicia Castillo Holley. 2008. *Enamórate de tu vida.*

Mihaly Csikszentmihalyi. 2008. Flow*: The Psychology of Optimal Experience (El Flujo: La psicología de las experiencias óptimas.)*

Vitus B. Droscher. 1985. *Sobrevivir: la gran lección del reino animal. Survival: The Great Lesson of the Animal Kingdom.*

Carol Dweck. 2007. *Mindset: The New Psychology of Success (La mentalidad: la nueva psicología del éxito).*

Stefan Klein y Stephen Lehmann. 2006. *The Science of Happiness (La ciencia de la felicidad.)*

Robert Kiyosaki y Sharon Lecher. 2008. *Padre Rico, Padre Pobre.*

Suze Orman. 2008. *The Road to Wealth. (El Camino a la Prosperidad.)*

David Pelzer. 1995. *El Niño Sin Nombre: La lucha de un niño por sobrevivir (Spanish Edition).*

Barry Schwartz. 2005. The Paradox of Choice. (*La Paradoja de la decisión.)*

www.ingramcontent.com/pod-product-compliance
Lightning Source LLC
Chambersburg PA
CBHW051539170526
45165CB00002B/804